Cornelia und Ulrich Mack

Sie haben seinen Stern gesehen

Cornelia und Ulrich Mack

Sie haben seinen Stern gesehen

Ein geistlicher Adventskalender

SCM

Stiftung Christliche Medien

2. Auflage 2012
© 2011 SCM R.Brockhaus im SCM-Verlag GmbH & Co. KG
Bodenborn 43 · 58452 Witten
Internet: www.scm-brockhaus.de; E-Mail: info@scm-brockhaus.de

Soweit nicht anders angegeben, sind die Bibelverse folgender Ausgabe entnommen: Lutherbibel, revidierter Text 1984, durchgesehene Ausgabe in neuer Rechtschreibung, © 1999 Deutsche Bibelgesellschaft, Stuttgart.

Weiter wurde verwendet:
BasisBibel. Das Neue Testament, © 2010 Deutsche Bibelgesellschaft, Stuttgart (www.basisbibel.de).
Gute Nachricht Bibel, revidierte Fassung, durchgesehene Ausgabe in neuer Rechtschreibung, © 2000 Deutsche Bibelgesellschaft, Stuttgart.

Gesamtgestaltung: Yellow Tree Kommunikationsdesign, www.yellowtree.de
Druck und Bindung: Finidr, s.r.o.
Gedruckt in Tschechien
ISBN 978-3-417-26435-7
Bestell-Nr. 226.435

Inhalt

Vorwort

Was ist Advent?
Vorweihnachtszeit zwischen Hetze und Kerzenwachs?
Stimmung zwischen Nikolaus und Jingle Bells?
Sehnsucht zwischen Glühwein und Lichterglanz?

Advent ist mehr.
Unter der glitzernden Oberfläche dieser Wochen verbirgt sich ein tiefes Geheimnis, das mit Stille und Selbstbesinnung zu tun hat, mit Freude und Verwandlung. Sich ihm zu nähern – dazu will dieses Buch einladen. 24 Adventsgestalten stehen bereit, in adventliches Hoffen, Warten, Nachdenken, Umkehren einzuführen. Jede Gestalt tut es auf ihre Weise.

Die Gestalten stammen aus der Bibel und aus der (Kirchen-)Geschichte. Für jeden Tag zwischen dem 1. und 24. Dezember haben wir eine Figur ausgesucht. Manche haben in diesen Wochen ihren Gedenktag, andere gehören in die Reihe der biblischen Figuren, die auf das Kommen des gottgesandten Retters hinweisen oder auf die Vollendung des Gottesreiches warten.

Für jeden Tag (außer den 24. Dezember) gibt es zuerst eine anschauliche Erzählung; sie ist auch gut zum Vorlesen in der Familie oder in einer Gruppe geeignet. Danach folgt eine Besinnung über die Bedeutung der Adventsgestalt mit Anregungen zum persönlichen Weiterdenken.

So soll das Buch helfen, tiefer in die Freude und Hoffnung der Adventszeit hineinzufinden und sie als großen Reichtum für das eigene Leben zu entdecken.

Cornelia und Ulrich Mack

1 Katharina von Alexandrien

~❦~

Aufrecht stand Katharina vor dem Kaiser. Mutig und wütend zugleich hob sie ihren Blick. Sie fauchte den Herrscher des römischen Weltreichs an: „Meinst du, dass deine Götterstatuen dir irgendetwas nützen werden, wenn du einmal vor dem lebendigen Gott in der Ewigkeit stehen wirst?"

Kaiser Maxentius war verblüfft. Das hatte er nicht erwartet, vor allem nicht von so einer schönen, attraktiven Frau. Er war es gewohnt, dass man seinen Befehlen widerstandslos gehorchte. Nicht nur in Rom, sondern auch hier in Ägypten. Gerade erst war er nach Alexandrien gekommen. Das gehörte zu seinem Reich. Darum hatte er befohlen, auch hier Statuen von ihm aufzustellen. Diese sollten von allen verehrt werden. Römische Kaiser hielten sich selbst für Götter. Darum wollten sie auch angebetet werden. Wer sich weigerte, den Kaiser als göttlich zu verehren, sollte mit dem Tod bestraft werden. Und nun kam diese Katharina und erklärte ihm, dass sie seinem Befehl nicht gehorchen werde. Er fragte sich: Wer ist diese Katharina?

Man berichtete ihm: Katharina ist eine reiche Königstochter, hier in Alexandrien geboren. Schon früh fiel auf, wie hochintelligent sie ist, dazu eine wunderschöne, außergewöhnliche Frau, reich dazu. Aber, so erklärte man dem Kaiser, sie war früher auch stolz, manchmal richtig hochmütig gewesen. Sie wollte nur einen Ehemann heiraten, der mindestens so schön, so reich und so klug war wie sie selbst. Doch sie tat sich schwer, den Richtigen zu finden. Bei so hohen Erwartungen kein Wunder! Verehrer hatte sie viele. Aber diese waren ihr alle nicht gut genug. Bis ihr eines Tages ein Priester von Jesus Christus erzählte, von seinem Leben und Sterben, seiner Liebe zu den Menschen und seiner Kraft, Wunder zu tun. Der Priester zeigte Katharina auch: Man kann sich auf diesen Jesus verlassen, kann in eine lebendige Beziehung mit ihm kommen. Das faszinierte die Königstochter. Sie hörte immer mehr vom christlichen Glauben. Bald entschloss sie sich, diesem Christus nachzufolgen. Sie sagte: „Den heirate ich." Katharina wusste natürlich, dass sie ihn nicht im üblichen Sinn heiraten konnte. Aber sie versprach sich Jesus Christus. Und damit entschied sie sich, ehelos zu bleiben. Im Lauf der Jahre wurde sie eine berühmte Persönlichkeit im Land.

Das alles erfuhr Kaiser Maxentius. Und – seine Faszination für diese mutige, kluge und schöne Frau stieg, je mehr er von ihr hörte. Sollte er sie gleich hinrichten lassen? Schließlich hatte sie sich seinem Befehl widersetzt. Andererseits wäre es auch schade um diese schöne Frau, dachte er. Darum gab er ihr eine Chance. Er befahl ihr, sich einem Streitgespräch über den christlichen Glauben zu stellen. Damit wollte er sie von ihrer Meinung abbringen. 50 Gelehrte und Philosophen holte er zu diesem Gespräch dazu. Am Ende des Tages fiel das Ergebnis aber ganz anders aus, als es der Kaiser gewollt und erwartet hatte. Alle Gelehrten bekannten sich nämlich am Ende des Tages zum christlichen Glauben. So überzeugend hatte ihn Katharina erklärt. Der Kaiser wurde wütend. Er ließ alle diese Gelehrten hinrichten.

Aber Katharina faszinierte ihn immer noch. Er lud sie immer wieder zu sich ein und diskutierte viel mit ihr. Bis er ihr eines Tages ein – in seinen Augen – verlockendes Angebot machte: „Katharina, willst du die Frau des Kaisers werden?" Wer kann so ein Angebot schon ausschlagen?, dachte er sich. Doch Katharina konnte. Sie lehnte klar und rigoros ab: "Tut mir leid, das geht nicht. Ich bin schon verheiratet. Ich gehöre Jesus Christus. Ich kann und will dich nicht heiraten." Daraufhin schlug die Bewunderung des Kaisers für diese Frau in Hass und Wut um. Jetzt war es genug! Jetzt wollte er sie nur noch vernichten. Er ließ Katharina „rädern". Eine Foltermethode, aus der sich unser Begriff herleitet: Ich fühle mich „wie gerädert". Katharina wurde mit Ketten auf ein mannshohes Rad geflochten und den Berg hinuntergerollt. So ist Katharina gestorben. Die Zuschauer berichteten: Sie starb singend. Denn sie wusste: Nur noch wenige Momente und ich werde meinen Christus sehen. Dem, für den ich mein Leben lang gelebt, gelitten und den ich verkündigt habe, werde ich nun von Angesicht zu Angesicht begegnen.

✳ *Mit dieser Frau beginnt unser Reigen der Adventsmenschen. Warum gerade mit ihr?*
Ursprünglich begann man die Adventszeit mit Katharinas Todes- und Gedenktag am 25. November. Er war der Auftakt der Fastenzeit. Darum lautet ein in manchen Regionen noch bekannter Spruch: „Kathrein stellt den Tanz ein."

Ein spezielles Gebäck wurde zu ihren Ehren gebacken: die Katharinchen – das sind bogig ausgestochene Pfefferkuchen, die an die Kettenglieder erinnern sollen, mit denen sie auf das Rad geflochten wurde. Der 25. November ist seit alter Zeit auch der Gedenktag der ledigen Frauen, die – wie Katharina – um ihres Glaubens willen auf Ehe und Familie verzichtet haben. Darum backte man auch Lebkuchenfrauen und nannte diese „Katharinchen".

Das Katharinen-Kloster am Berg Sinai ist nach ihr benannt. Hierher sollen nach der Legende die Gebeine der Märtyrerin nach ihrer Hinrichtung von Engeln getragen worden sein.

Was ist an Katharina von Alexandrien so bemerkenswert?

Ihre Klugheit sicherlich. Ihre Furchtlosigkeit auch. Aber was noch viel wichtiger ist: Sie entdeckte Christus als den größten Schatz ihres Lebens. Sie setzte sich mit ganzer Hingabe für ihn und seine Ehre ein. Selbst das Angebot, Macht, Ehre und Einfluss als Kaiserin zu bekommen, war für sie nicht so verlockend, dass sie dafür ihre Entscheidung der ungeteilten

Hingabe an Jesus Christus widerrufen wollte. Sie wusste: Sich dem Kaiser und seinem Willen zu widersetzen, wird mit dem Tod bestraft. Wer es bei ihm verspielt, hat ausgespielt. Aber ihre Hingabe an Christus war für sie so kostbar, dass sie dafür sogar bereit war zu sterben.

Das ist beeindruckend und herausfordernd. Wie viel würden wir für Christus einsetzen? Wie würden wir reagieren, wenn unser Bekenntnis zu Christus den Tod zur Folge hätte? Oder anders gefragt: Wie wertvoll ist unser Glaube für uns? Welchen Preis würden wir dafür zahlen?
Solche Fragen im Advent zu bedenken, zahlt sich aus. Denn damit sind wir ganz nah an den eigentlichen Themen von Advent: ausgerichtet sein auf Jesus Christus, das innerste Sehnen des Herzens an ihm fest machen, die Liebe zu ihm im eigenen Leben Gestalt werden lassen.

2

Zacharias

ᵔᴥᴖᴥᴖᴥᴖᴥᴖᴥᴖ

„Wann kommt er denn endlich?" Die vielen Menschen werden unruhig. „Jetzt sollte er doch rauskommen und uns segnen", murmeln sie. Gespannt sehen sie hinüber zur Tür. In aller Frühe sind sie in den Tempel gekommen. Sie haben ihr Morgengebet gesprochen, einen Psalm gesungen. Nun warten sie hinter der Absperrung. In den Hof der Priester dürfen sie nicht gehen. Erst recht nicht in das Tempelgebäude. Dorthinein darf nur ein Priester – morgens und abends. Er trägt dann eine kleine Pfanne mit Räucherwerk und betet drinnen vor dem Altar. Wenn er wieder herauskommt, hebt er seine Arme und spricht die uralten Worte: „Der Herr segne dich und behüte dich."
Warum dauert es heute nur so lange? Einige der vielen Leute haben es eilig. Sie wollen weiter. Längst hat sich herumgesprochen: Heute ist Zacharias dran. Der alte Priester. Ein frommer Mann, angesehen auch. Das weiß hier jeder. Immerhin kommt er wie alle Priester zweimal im Jahr nach Jerusalem zum Dienst, jeweils für eine Woche. Wer dann mit dem Räucherwerk in das Tempelgebäude gehen darf, das wird ausgelost. Heute ist das Los auf Zacharias gefallen. Eine große Ehre! Nur ein- oder zweimal im Leben bekommt ein Priester diese würdige Aufgabe.
Jetzt müsste er aber jeden Moment wieder herauskommen. Die Leute werden ungeduldiger. Irgendetwas stimmt da nicht. Ist etwas …? – aber da erscheint er endlich. Er kommt langsam aus dem Gebäude. Er hebt die Hände. Er will den Segen sprechen – aber er bringt keinen Ton heraus. Was ist das? Der alte Priester hebt nur die Arme. Stumm. Er segnet ohne Worte. Aber sein Blick! Sein ganzes Gesicht. Es strahlt. Und wie! Er winkt jetzt. Die Menschen können gehen. Was hat Zacharias erlebt? Es muss et-

was Schönes gewesen sein, etwas Wunderbares. Man sieht es ihm an. Aber warum kann er nicht mehr sprechen? Sie wissen es nicht.

Zacharias weiß es natürlich. Später kann er es erzählen: Als er mit dem Räucherwerk an den Altar im Tempelgebäude trat, da erschien ihm ein Engel. Zacharias bekam einen großen Schreck. Aber der Engel sagte: „Hab keine Angst, Zacharias. Du und deine Frau Elisabeth – ihr habt keine Kinder. Ihr habt schon viel um Kinder gebetet. Nun soll es wahr werden: Elisabeth wird ein Kind bekommen. Du sollst es Johannes nennen. Es wird ein besonderes Kind sein. Es soll nämlich der Vorbote des Retters werden, den Gott bald senden wird." Zacharias staunte, konnte es nicht glauben. Er fragte: „Ich bin doch ein alter Mann, meine Frau ist auch schon betagt – wie sollen wir noch ein Kind bekommen?" Der Engel antwortete: „Ich bin Gabriel. Ich komme von Gott. Und ich sage dir: Es stimmt, was ich ankündige. Aber weil du es mir nicht geglaubt hast, darum wirst du so lange stumm sein und nicht mehr sprechen können, bis das Kind geboren ist."

Jetzt ist die Woche des Tempeldienstes vorbei. Zacharias geht nach Hause. Elisabeth wartet dort. Ihr muss er es mit Zeichen und Schreibtafel erklären, was der Engel ankündigte. Er kann nicht mehr sprechen. Er muss still sein. Er will auch still sein. Neun Monate lang, bis zur Geburt des Johannes, ist er stumm. Er lernt, in der Stille zu warten. (Lukas 1, 5-25)

✳ *Schweigen ist nicht einfach.*
Stille kann auch schwer fallen.
Manche können von Geburt an nicht sprechen.
Andere wurden an der Stimme krank.
Manche gehen aber auch freiwillig in Zeiten der Stille
und des Schweigens.
Wer das schon erlebt hat, weiß:
Ich kann mich jetzt nicht mit der Stimme äußern.
Ich kann nicht das Wort ergreifen.

Und ich muss es auch gar nicht.
Das kann schwer sein, aber auch befreiend.
Nicht immer das letzte Wort haben.
Nicht alles kommentieren müssen.
Sich nicht in alles einmischen.

Wer schweigt, hat mehr Zeit zum Nachdenken.
Zeit zum Innehalten,
bereit zur Aufmerksamkeit.

Wer schweigt, hört mehr, hört mehr hin,
achtet mehr auf die Zwischentöne,
nimmt die Stimmungen dahinter mehr wahr.

Wie mag es Zacharias ergangen sein?
Neun Monate lang!
Ob er die Chance des Schweigens wahrgenommen hat?

Vielleicht wurde das, was am Anfang wie eine Strafe aussah,
immer mehr zum Schatz für sein Leben. Was der Engel Gottes ihm ankündigte, klang immer wieder in ihm nach.
Wie im Leib der Elisabeth das Kind immer größer wurde,
so wuchs in Zacharias das Staunen, die Freude, das Loben.

So wurde Zacharias zum ersten neutestamentlichen Adventsmenschen. Er kann uns ermutigen, uns gerade in den
Adventstagen Zeiten der Stille zu gönnen. Nicht als Ver-
zicht, sondern als Gewinn.

Als dann das Kind Johannes geboren wird, da bekommt er
seine Stimme wieder. Und er jubelt:
„Gelobt sei der Herr, der Gott Israels; denn er hat besucht
und erlöst sein Volk ...".

3 Elisabeth

„Ich bin schwanger! – Zacharias, hörst du, ich bin schwanger!"
„H…."
Der alte Mann hauchte nur. Er war ja stumm. Aber sein Blick
leuchtete. Er sah seine Frau an. Tränen traten ihm in die Augen.
Also doch, dachte er, hat der Engel also doch recht gehabt. Elisabeth ist schwanger!
„Es ist einfach ein Wunder", strahlte sie, wiederholte immer wieder: „einfach ein Wunder." Sie, die Hochbetagte, hatte längst
nicht mehr damit gerechnet, ein Kind zu bekommen. Sie hatte
sich damit abfinden müssen. Schwer war es gewesen, all die Jahre
hindurch. Kinderlos zu bleiben, war eine Schande für jede Frau.
Elisabeth hatte darunter gelitten, wie Mütter auf sie herabblick-
ten. Sie kam sich verachtet vor, auch von Gott.

Aber jetzt: „Ich bin schwanger!" Und wieder: „Es ist einfach ein
Wunder!" Sie hatte es vor ein paar Wochen fast nicht glauben
wollen, als ihr Mann vom Tempeldienst nach Hause kam. Er
konnte nicht mehr sprechen, aber er schrieb auf das Wachstäfel-
chen, was er erlebt hatte – den Engel, die Ankündigung der Geburt. Jetzt war es so weit. Er war stumm. Aber sie konnte umso
lauter jubeln. „Jetzt hat Gott die Schande von mir genommen!"
Und sie dachte immer wieder: Genauso hat sich schon einmal eine
Frau gefreut: Rahel war es, die Frau unseres Erzvaters Jakob. Als
sie mit Josef schwanger wurde, da jubelte sie auch: „Gott hat die
Schande von mir genommen." Und Elisabeth erinnerte sich an
weitere Frauen: an die schon alt gewordene Sara, Frau des Abraham – für sie war es genauso ein Wunder, dass sie noch ein Kind
bekam. Und Hanna fiel ihr ein, die Mutter des Samuel.

Fünf Monate später. Elisabeth spürt das Kind bereits in ihrem Bauch. Sie hat sich, seit sie schwanger wurde, zurückgezogen. Sie braucht Stille. Und viel Kraft. Solange man ihr nichts ansieht, würde ihr sowieso niemand glauben, dass sie ein Kind bekommt. Nun ist sie im sechsten Monat. An der Tür klopft es. Elisabeth geht, öffnet, staunt: Die junge Maria steht da, ihre Verwandte aus Nazareth. Herzlich begrüßen sie sich. Elisabeth will schon fragen, warum sie den weiten Weg auf sich genommen hat, da spürt sie, wie das Kind in ihrem Bauch anfängt zu hüpfen und zu springen wie noch nie. Sie ist verwundert. Da gibt Gottes Geist ihr ein Erkennen wie ein Licht, das plötzlich aufleuchtet. „Maria", sagt sie, „gesegnet bist du unter allen Frauen, und gesegnet ist das Kind in dir! Wie komme ich zu der Ehre, dass die Mutter meines Herrn mich besucht? Das Kind in meinem Bauch hüpfte gerade in dem Moment, als du gekommen bist. Mein Kind hat dein Kind begrüßt. Dein Kind wird der Herr sein, der von Gott gesandte Retter!" (Lukas 1, 39-45)

✳ *Elisabeth erfährt in besonderer Weise Gottes Zuwendung. Im hohen Alter wird sie schwanger. Jahrelang, ja jahrzehntelang hatte sie gewartet und gehofft.*

Jetzt war die Zeit vorbei, dass ihr Körper noch Kinder empfangen konnte. Die Wechseljahre waren eingetreten, eine Schwangerschaft war unmöglich geworden. Elisabeth hatte aufgehört zu warten. Keine Kinder bekommen zu können, war damals eine Schande. Zu einem gelingenden Frausein gehörten Kinder ganz einfach dazu. Und wehe der Frau, die kinderlos war. Das war eine „Schmach".

Schon Sara, die Frau des Erzvaters Abraham, litt unter dieser Schmach. Um ihr zu entgehen, gab sie ihrem Mann die Sklavin Hagar, damit diese an ihrer Stelle ihr ein Kind zur Welt bringen sollte. Später machten es Rahel und Lea, die Frauen des Jakob, ebenso. Eine Frau braucht ein Kind,

*koste es, was es wolle. Doch Elisabeth handelte nicht so.
Sie fand sich irgendwann damit ab, dass sie keine Kinder
haben würde. Sicher war dies kein einfacher Schritt, dazu
Ja zu sagen. Zerplatzte Lebensträume, unerfüllte Wünsche,
nicht gelebte Sehnsüchte. Das ist schwer. Doch sie ist daran
gereift und eine starke Frau geworden.*

*Und dann greift Gott völlig unerwartet in ihr Leben ein
und schenkt ihr in hohem Alter noch ein Kind. Verheißen
durch einen Engel im Tempel. Junges Leben in ihrem alten
zerbrechlichen Körper. Ein besonderes Kind. Johannes war
schon im Mutterleib vom Heiligen Geist erfüllt. Der Engel
Gabriel hatte angekündigt: „... er ... wird schon von Mutterleib an erfüllt werden mit dem Heiligen Geist ...“ (Lukas
1,15). Darum erkennt sie auch in Maria den gerade eben
erst gezeugten Jesus als „ihren Herrn“.*

*Doch mit der Schwangerschaft beginnt zunächst eine fünf-
monatige Schweigezeit. Zacharias war stumm. Und es wird
ausdrücklich berichtet, dass Elisabeth sich in den ersten fünf
Monaten ihrer Schwangerschaft verborgen hielt. Erst mit
dem Kommen von Maria endet ihre Schweigezeit.*

*Elisabeth macht es uns vor: Sie dient Gott ganzheitlich –
auch in ihrem hohen Alter noch. Mit der ihr ganz speziellen
Berufung. Johannes wird der Wegbereiter für Christus sein.
Dieser Weg beginnt in Elisabeth.*

*Schon in deren Schwangerschaft wird Christus zum ersten
Mal bezeugt – durch ihren Mund, aber offenbart durch den
Heiligen Geist. Der Hinweis auf Christus bricht sich durch
das Lob der Elisabeth Bahn.*

*Egal, wie Gott uns beruft und wozu er uns beauftragt: er
überschreitet körperliche Grenzen, Bedenken, Zweifel und
auch enttäuschte Erwartungen.*

Adventliches Leben heißt: Ihm ganz dienen – uns ihm mit Leib, Seele und Geist zur Verfügung stellen. So kommt Gottes Gegenwart in uns, und so wird das Lob auf ihn durch uns in die Welt getragen.

Elisabeth zeigt: Diesem Christus, meinem Herrn, diene ich mit meinem Leben und meinem Leib. Alles gehört ihm.

Elisabeth ist darin eine Vorbotin dessen, was Paulus zu allen Christen sagt: „Wisst ihr nicht, dass euer Leib ein Tempel des Heiligen Geist ist ... darum preist Gott mit eurem Leibe" (1. Korinther 6, 19-20).

4

Barbara

„Er blüht!" Barbara sprang von ihrer Matte auf. „Tatsächlich, er blüht!" Gerade war der erste Lichtstrahl des neuen Tages durch die schmale Fensterluke in ihre enge Zelle gedrungen. Er fiel auf einen kleinen, dürren Zweig. Der stand unscheinbar in einer schäbigen Tonvase.

Barbara war mit einem Satz dort. Ihre Augen leuchteten, als sie es sah: An dem Zweig waren zwei der kleinen Knospen aufgebrochen – und zwei Blüten hatten sich entfaltet. Sie schienen immer noch zu wachsen.

„Wunderschön", staunte Barbara. „Solch herrliche neue Blüten!" Tränen traten ihr in die Augen. Sie musste daran denken, wie der kleine Zweig in ihre Zelle mitgewandert war. Vor genau 20 Tagen war es. Eigentlich hatte es ihr Vater ja gut mit ihr gemeint. Während er auf Reisen ging, wollte er sie vor Übergriffen und schlechten Einflüssen schützen. Darum sperrte er sie in einen Turm. Auf dem Weg dorthin hatte sich ein Kirschzweig in ihrem Gewand verfangen. Diesen hatte sie in eine Vase gestellt.

In diesem Turm fasste sie einen für sie wunderbaren Beschluss: Sie ließ sich von einem Priester taufen. Sie hatte von Jesus gehört, hatte Christen kennengelernt, ihre Freude und Ehrlichkeit gespürt. Sie war selbst Christ geworden. Darum ließ sie sich taufen und bekannte Jesus als ihren Herrn. Ihm vertraute sie ihr Leben an. Als ihr Vater von der Taufe erfuhr, wurde er zornig. Wütend schrie er: „Verrat!" Er war ein mächtiger Mann. Er ließ die eigene Tochter festnehmen und zum Tod verurteilen. Das Verhör war nur kurz gewesen. Barbara wusste: Das Urteil wird bald vollstreckt werden. Ihr Blick blieb wieder an dem Kirschzweig in der Vase hängen, der gerade heute aufgeblüht war. Ein dürrer Zweig nur. Wie unser Leben, dachte sie manchmal. Oft dürr, unscheinbar. Aber an diesem Morgen war alles anders. Dass sich aus zwei so kleinen Knospen so herrliche Blüten entfalten können! Ein frisches, buntes, neues Leben. Barbara musste an ihre Taufe denken. Es war für sie, als wenn ihr Leben neu zum Blühen kommt. Etwas wie am Ostermorgen. Und mein Leben hat auch eine Knospe, dachte Barbara. Auch wenn ich bald getötet werde, wird die Knospe des ewigen Lebens aufblühen. Dann werde ich bei Jesus sein. Ihr Blick war immer noch von der Schönheit der Kirschblüten gebannt, als sie draußen Schritte hörte. Der letzte Tag ihres irdischen Lebens hatte begonnen.

✳ *Um Barbaras Leben ranken sich verschiedene Legenden. Der Überlieferung nach lebte sie um das Jahr 300 n.Chr. in Nikomedia (heute Izmit bei Istanbul). Das Todesurteil an ihr soll vom eigenen Vater vollstreckt worden sein – und zwar genau an dem Tag, als die Blüten an dem Zweig aufbrachen. Aus dieser Geschichte hat sich der Brauch des Zweigeschneidens am 4. Dezember, dem Barbara-Tag, entwickelt. Die Zweige werden ins Wasser gestellt und blühen dann am 24. Dezember. Der blühende Zweig ist ein Symbol für neues Leben und ein Zeichen der Auferstehung. So erinnert der an Weihnachten blühende Zweig schon an das Sterben und Auferstehen Christi.*

Tod und Leben – so nah beieinander. Das zeigt der Brauch, der sich aus Barbaras Tod und der sich darum rankenden Erzählung entwickelt hat. An dem zu Weihnachten blühenden Zweig kann deutlich werden: Jesus kommt an Weihnachten in unsere oft so trockene und dürre Realität. Wir erleben Leid, Ungerechtigkeit und Sterben. Unsere Tage können manchmal der dunklen Zelle der Barbara gleichen. Krankheit, Sorgen oder Schwierigkeiten in Beziehungen gehören dazu. In diese Welt wird Jesus geboren. Er wich dem Leid nicht aus, sondern ging aus Liebe zu uns hinein.

*Er kann uns darum nahe sein, wenn wir Schweres erleben,
in Anfechtungen kommen, Verfolgung erleiden, wenn wir
krank werden und das Sterben von Mitmenschen erleben
oder selbst den Tod vor uns sehen.
Jesus hat durch sein Sterben die Macht des Todes gebunden.
Er hat das Dunkel durchdrungen. Er hat die Ketten des
Bösen zerbrochen. Er ist auferstanden. Er lebt.*

*Daran kann die Blüte an einem Barbarazweig erinnern.
Der Zweig, der aussah, als wäre er tot, bringt neues Leben.
Wenn er an Weihnachten blüht, lässt er schon an Karfreitag
und Ostern denken. Und daran, dass es Hoffnung gibt über
den Tod hinaus. Das Schwere wird nicht bleiben. Die Knospen des neuen Lebens sind schon da.*

*Auch dort, wo wir ratlos sind, wo alles tot scheint, sieht
Christus schon weiter und will uns neue Aufbrüche und
neue Hoffnung schenken. Was wir jetzt noch nicht sehen,
sieht Christus aus dem Licht seiner Auferstehung. Das kann
uns Hoffnung geben für trostlose und dunkle Stunden.*

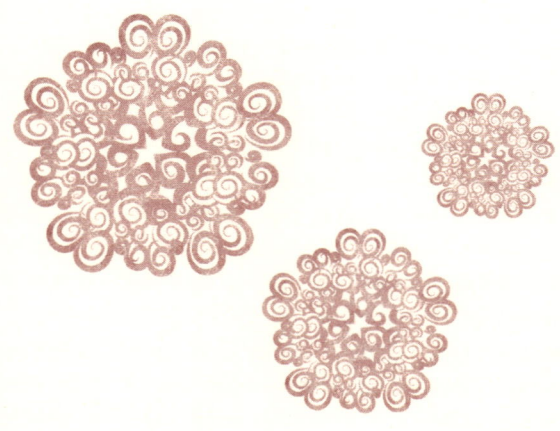

5

Paulus

Paulus steht von seinem niederen Schemel auf. Er dehnt seine
Arme weit auseinander und wendet sich der kleinen Fensterluke
zu, durch die etwas Licht in seine kalte Gefängniszelle fällt. Die
Luke durchbricht die starken Mauern nur sehr schmal und so weit
oben, dass Paulus gerade noch ein wenig blauen Himmel erkennen
kann. Aber von dem nahe gelegenen Stadtzentrum von Ephesus,
dem Meer und dem geschäftigen Treiben auf den Straßen und im
Hafen sieht er nichts. Er beugt sich wieder über den kleinen Tisch,
über die Blätter aus Papyrus, über seine Schreibgeräte. „Gut, dass
Timotheus nachher wieder kommt und hilft", denkt er. Manchmal fällt ihm das Schreiben schwer; das Licht ist schwach, und die
Finger wollen auch nicht mehr so wie früher. Aber diesen Brief
will er schreiben. Die Christen in Philippi will er grüßen. Er denkt
gern an die Gemeinde dort. Einst hat er sie gegründet. Klein hat
sie angefangen. Er erinnert sich an Lydia, die Textilkauffrau, auch
an den Gefängnisdirektor und andere. Seitdem haben die Philipper ihn immer wieder unterstützt; so auch jetzt wieder durch
eine Spende. Paulus will ihnen dafür danken. Und sie sollen auch
erfahren, wie es ihm geht. Trauern sie, dass er im Gefängnis sitzt?
Nein, das sollen sie nicht. Im Gegenteil. Sie sollen sich mit ihm
freuen. Ja, denkt Paulus, Freude ist dran. „Meine Lage hat die
Verbreitung des Evangeliums sogar noch gefördert", schreibt er.
„Den Beamten am Palast des Gouverneurs und allen anderen hier
ist nämlich bewusst geworden: Ich bin deswegen in Haft, weil
ich zu Jesus Christus gehöre." Das ist doch die Hauptsache, dass
Christus verkündigt wird, denkt Paulus. Viele machen sich jetzt
Sorgen um ihn. Sein Prozess steht noch bevor. Vielleicht wird er
verurteilt, möglicherweise zum Tod. Er weiß es nicht. Aber er

hat keine Angst. Und die Mitchristen in Philippi sollen sich nicht beunruhigen lassen. Er schreibt: „Durch das, was mir geschieht, soll in aller Öffentlichkeit Christus groß gemacht werden. Dabei kommt es nicht darauf an, ob ich am Leben bleibe oder sterbe." Aus den anderen Gefängniszellen hört er manchmal Schreie. Die Folterqualen können furchtbar sein. Das hat er selbst schon erlebt. Aber manche Verurteilten klagen auch laut, weil sie den Tod vor sich sehen. Das möchte ich nicht, denkt Paulus. Dazu haben wir Christen gar keinen Grund. Er schreibt weiter: „Für mich bedeutet Christus das Leben. Und darum ist Sterben für mich ein Gewinn." Ja, denkt er, Christen sind Hoffnungsmenschen. Einst ist ihm der Auferstandene selbst begegnet. Das hat sein Leben geprägt. Auch wenn es ihm äußerlich schlecht geht: er freut sich. Er freut sich, wenn er stirbt. „Ich wünschte", schreibt er, „ich könnte sterben und bei Christus sein." Er freut sich auch, wenn er noch weiter das Evangelium verkündigen kann. Das sollen die Christen in Philippi wissen. Der Brief wird lang. Timotheus ist gekommen, hilft beim Schreiben. Gegen Ende des Briefes will Paulus seine Hoffnung noch einmal betonen. „Ich strecke mich nach dem aus, was vor mir liegt. Ich laufe auf das Ziel zu, um den Siegespreis zu gewinnen: die Teilhabe an der himmlischen Welt, zu der Gott uns durch Christus Jesus berufen hat." Und was bedeutet das jetzt für mich, für uns?, fragt sich Paulus. Freude – das ist es. „Freut euch immerzu, weil ihr zum Herrn gehört", schreibt er. „Ich sage es noch einmal: Freut euch!"(Apostelgeschichte 16, 11-40; Philipper 1,12-13.20-21; 3,13-14; 4,4; basisbibel)

* *Adventlich leben bedeutet in der Freude und in der Vorfreu-de leben.*
Wenn wir unsere Welt oder unser persönliches Leben anschauen, gibt es immer irgendeinen Grund zum Klagen. Und auch Paulus hätte als Gefangener genügend Anlass dazu gehabt. Er hätte eigentlich einen Klagebrief schrei-ben müssen, etwa so: Ich habe hier keine frische Luft zum Atmen, kein Sonnenlicht. Mir geht es schlecht, ich habe

Schmerzen in allen Gelenken. Ich habe Angst vor der Folter. Meine Zukunftsaussichten sind nicht gerade rosig …

Doch Paulus schreibt von der Freude.
Wie kommt er dazu? Ist er im Gefängnis so unrealistisch geworden? Sind seine Sinne verwirrt?
Nein, er nimmt einen anderen Blickwinkel ein. Er deutet sein Leiden als Etappe auf dem Weg zum Himmel.

„Sterben ist mein Gewinn", so schreibt er – und eben nicht Freiheit oder äußerer Wohlstand.
In Römer 8,18 hat er es so formuliert: „Denn ich bin überzeugt, dass dieser Zeit Leiden nicht ins Gewicht fallen wird im Blick auf die zukünftige Herrlichkeit, die an uns offenbar werden soll."
Paulus zeigt uns damit etwas Wichtiges:
Wie wir unseren Alltag erleben, hängt nicht zuerst von den äußeren Umständen ab, sondern davon, wie wir ihn deuten.

Paulus deutet das, was er erlebt, als Vorstufe zur Herrlichkeit. Und er stellt uns damit wichtige Fragen:
Worauf richten wir unser Augenmerk zuerst?
Auf Hindernisse, Ärgerliches?
Auf Schmerzen, Schwierigkeiten oder Leid?
Oder auf die verheißene Ewigkeit, in der das jetzige Leid nicht mehr ins Gewicht fallen wird?
Auf Christus, der uns liebt und in unseren Herzen gegenwärtig sein will?
Auf seinen Trost, seine Vergebung, seine Nähe und Geborgenheit, die er uns schenken kann?

Von dieser inneren Ausrichtung hängt entscheidend ab, wie wir unser Leben erfahren – als Anlass für ein Klagelied oder einen Freudenbrief.

6 *Nikolaus*

⸙

„Bin ich also wieder zurück", denkt Nikolaus. Am frühen Morgen schon ist er unterwegs durch die Gassen von Myra. An das rege Leben hier muss er sich erst wieder gewöhnen. Die Jahre im Heiligen Land haben ihn geprägt. Als Einsiedler hat er dort gelebt. Auch dort hatte er mit Menschen zu tun, ja, aber alles war ruhiger; er hatte viel Zeit nachzudenken, zu sehen, zu hören. Auf Gott zu hören. Gott hat manchmal in die Stille seines Betens gesprochen. Darum ist Nikolaus jetzt nach Myra zurückgekehrt. Denn eine Stimme hatte er gehört: „Nikolaus, hier ist nicht der Acker, auf dem du Frucht tragen sollst. Kehre zurück in dein voriges Leben, auf dass mein Name durch dich verherrlicht werde." Nikolaus ist dem Ruf Gottes gefolgt. Jetzt ist er hier, will zum Gebet, ist an der Kirche angekommen, will sie betreten. Ein Mann steht am Eingang, festlich gekleidet. Nikolaus erkennt an dem Gewand, dass es sich um einen Bischof handeln muss. Einer von vielen, die gerade in der Stadt zusammengekommen sind. Er hält Nikolaus auf. „Wer bist du?", fragt er. Und er hört: „Ich bin Nikolaus, ein Diener Gottes." Kaum ist der Satz verklungen, kommen von der Seite weitere geistliche Würdenträger, alle würdig gekleidet. Sie nehmen Nikolaus an den Armen. Sie führen ihn in die Kirche. Erstaunt blickt Nikolaus sie an. „Was wollt ihr von mir?" „Wir sind Bischöfe aus dem ganzen Land und hier zusammengekommen, um einen neuen Bischof für Myra zu wählen." – „Einen Bischof?", fragt Nikolaus zurück. „Ja", antwortet der, der ihn vor der Kirche empfing. „Ich hörte gestern eine Stimme zu mir sagen: ‚Morgen zur Zeit der Mette sollst du an der Kirchentür stehen. Der erste Mensch, der die Kirche betritt, der soll zum Bischof für Myra geweiht werden.' Und das bist jetzt du." – „Ich?" Nikolaus kann es nicht fassen, kann nicht zustimmen. „Ich habe keine Erfahrung in Kirchenleitung, ich bin ein einfacher Einsiedler, der eben zurückgekehrt ist. Nehmt einen anderen, nicht mich." So wehrt er sich, will wieder aus der Kirche laufen, aber sie halten ihn auf, schließen einen Kreis um ihn – und wählen ihn zum Bischof.

✳ *Nikolaus wurde ein guter und liebender Bischof seiner Gemeinde und konnte vielen Menschen helfen, ihren Glauben fördern, ihnen Rat geben und Trost spenden. Einige Geschichten über ihn sind bekannt. So wird erzählt, dass er einer verarmten Familie geholfen hat. Der Vater wollte in seiner Verzweiflung seine drei Töchter in ein Bordell geben, um wenigstens so etwas Geld im Haus zu haben. Nikolaus hörte davon und warf dem armen Mann nachts heimlich einen in ein Tuch gewickelten Goldklumpen durchs Fenster. Als der Mann diesen fand, konnte er für die Älteste die Hochzeit ausrichten. Wenig später tat Nikolaus dasselbe noch einmal, und so konnte der Mann auch seine zweite Tochter verheiraten. Als er dann auch noch ein drittes Mal kam, lief ihm der Mann nach und rief: „Steh still und lasse mich sehen, wer du bist." Er erkannte Nikolaus, fiel vor ihm nieder und wollte seine Füße küssen. Doch Nikolaus verwehrte ihm das und bat ihn, niemand davon zu erzählen, was er für ihn getan hatte.*

Noch bekannter ist die Erzählung, wie Nikolaus die Kinder der Stadt davor bewahrte, in die Sklaverei verkauft zu werden, indem er die Schätze seiner Kirche als Lösegeld für die Kinder gab. Solche und ähnliche Taten machten Nikolaus weit über seine Bischofsstadt Myra hinaus bekannt. Seine Taten leben in vielen Nikolausbräuchen fort, so auch in den „Spekulatien". Das Wort „Bischof" heißt im Lateinischen „speculator". Nikolaus zum Gedenken wurden Spekulatien gebacken mit Darstellungen seiner guten Taten.

Viele der Geschichten, die sich um Nikolaus ranken, haben
mit Reichtum und Geld zu tun.
Seit uralten Zeiten stehen Menschen in der Gefahr, ihr Herz
an falsche Götter zu hängen und ihr Leben mit Reichtum
sichern zu wollen.

Doch irdische Schätze sind vergänglich.
Jesus weist darauf hin, dass Motten und Rost an unseren
Gütern fressen können, dass unser Reichtum von Dieben
gestohlen werden kann. Wir wissen, dass sich das bis heute
fortsetzt: Autos können zu Schrott gefahren werden,
Aktien können im Kurs sinken, durch Erbstreitigkeiten
können wir Anrecht auf Geld verlieren, durch Gerichtsver-
fahren oder Handyrechnungen können wir in eine Schulden-
falle geraten.

Die Mittel, arm oder reich zu werden, sind heute oft andere
als damals, aber die seelischen Folgeerscheinungen und
Absicherungsversuche sind dieselben. Menschen verspre-
chen sich Glück und Sicherheit durch das Anhäufen von
Geld und Reichtum. Nikolaus macht es vor, dass das Glück
durch anderes kommt.
Nicht durch Anhäufen, sondern durch Hergeben,
nicht durch Sammeln, sondern durch Schenken,
nicht durch Raffen, sondern durch Geben.

Ein Glücksfaktor, der immer funktioniert, wird uns in der
Bibel ans Herz gelegt:
„Geben ist seliger als nehmen" (Apostelgeschichte 20,35).

Also schenken und mit anderen teilen machen das Leben
reich.
Es kann eine gute geistliche Übung sein, sich immer wieder
zu fragen, ob es Dinge gibt, an die wir unser Herz zu sehr
hängen, ob wir unsere Sicherheit zu sehr auf den Gütern der
Welt aufbauen.

Was würde passieren, wenn ich auf Geld und auf Bezahlung verzichten würde?
Wie geht es mir, wenn ich etwas Wertvolles verschenke?
Wie verändert sich mein Leben, wenn ich anfange zu teilen?
Wem kann ich heute mit einem Geschenk eine Freude ma-chen und damit sogar zu meinem eigenen Glück beitragen?
Solche Fragen können unser Leben möglicherweise in eine ganz neue Weite führen, neue Erfahrungen schenken, neue Glücksmomente entdecken lassen.

Nikolaus macht es vor, wie reich das Leben durch schenken werden kann.

7 *Ambrosius von Mailand*

Energisch eilt Ambrosius zur Basilika, der großen Versammlungshalle in Mailand. Die Leute kennen ihn. Und sie lieben ihn, ihren Präfekten, den Beauftragten des Kaisers in ihrer Provinz. Gescheit ist er, denken sie. Rechtswissenschaft hat er studiert. Ein guter Politiker. Und freundlich ist er dazu, gerade 35 Jahre alt, schlank, die dunklen Haare und der Bart kurz geschnitten. Er grüßt nach rechts und links. Die Menschen verneigen sich und machen ihm Platz. „Es ist gut, dass er kommt", flüstern sie einander zu. Aus der Basilika ist schon Tumult zu hören. Ein neuer Bischof soll gewählt werden. Auxentius, der bisherige Bischof, ist gestorben. Wer kann sein Nachfolger werden? Schon seit Tagen liegt eine Spannung über der Stadt. Immer wieder gab es Diskussionen, sogar heftige Streitereien. Jetzt ist Ambrosius in der überfüllten Basilika angekommen. Ganz vorne findet er seinen Platz. Von dort kann er die aufgeregte Volksmenge gut überblicken. Er kennt die beiden Gruppen und ihre unterschiedlichen Meinungen. Sie streiten sich, wer oder was Jesus wirklich ist. Gerade hat ein Anführer der „Arianer", so nennt sich eine der beiden Gruppen, mit seiner Rede begonnen. Lautstark fordert er, einer der ihren müsse Bischof werden. Einer der bekennt: „Gott ist nur Gott selbst, und Jesus ist von ihm geschaffen, ist ihm nicht gleich, sondern nur ähnlich." Starker Beifall und laute Buh-Rufe mischen sich. Ambrosius sieht, dass auf der anderen Seite jemand aufsteht und zu reden beginnt, einer aus der Gruppe der „Trinitarier". „Nein", fängt dieser an, „nein, Jesus ist eins mit dem Vater, und er war schon vor aller Zeit mit ihm. Wir glauben an den dreieinigen Gott. Einer von uns muss Bischof werden." Wieder gibt es Tumult. Die Worte fliegen hin und her. Wenn sich der Streit noch weiter zuspitzt, denkt Ambrosius, dann kommt die ganze Stadt in Aufruhr. Das muss ich verhindern. Er steht auf, winkt. Es wird ruhig in der Basilika. Alle wollen verstehen, was der Präfekt jetzt sagt. Ruhig beginnt Ambrosius zu reden. „Ich kann eure Meinungen verstehen", sagt er. „Ich bin zwar noch nicht getauft, aber von meiner Mutter wurde ich christlich erzogen. Und im Taufunterricht habe ich die theologischen Meinungen kennengelernt. Ihr braucht jetzt einen Bischof, der nicht die Gegensätze verschärft, sondern der klug genug ist, den richtigen Weg zu finden. Einen, der seine Meinung nach dem richtet, was in der Bibel steht." Während Ambrosius so redet, geschieht es. Aus der Menge ruft auf einmal ein Kind: „Ambrosius Bischof" (lateinisch: „Ambrosius episcopus"). Für einen kurzen Moment herrscht atemlose Stille. Dann bricht der Beifall los. „Ja", ruft es von allen Seiten, „unser Präfekt soll unser neuer Bischof werden."

✳ *Ambrosius wurde Bischof von Mailand – am 7. Dezember, eine Woche nach seiner Taufe. Seinen Besitz schenkte er den Armen. Er studierte Theologie und wurde ein angesehener Prediger. Er leitete mild und gerecht. Oft drängten viele hilfesuchende Menschen zu ihm. Durch seine politischen Beziehungen konnte er die Rechte und die Unabhängigkeit der Kirche verteidigen. Als Kaiser Theodosius I. ein Massaker an Aufständischen in Thessaloniki angeordnet und 7000 Menschen im Zirkus hatte umbringen lassen, bewegte Ambrosius ihn, öffentlich Reue und Buße zu bekunden. Den Kaiser Gratian bewog er, die staatlichen Zuwendungen an den römischen Götterkult einzustellen.*

Im theologischen Streit bezeugte Ambrosius die Einheit von Gott Vater und dem Sohn Jesus Christus. So war es schon 325 beim Konzil von Nicäa bekannt worden. Ambrosius verhinderte so die weitere Ausbreitung des Arianismus. Ihm war es wichtig, dass die Menschen die Bibel kennenlernen. Er schrieb Kommentare und Erklärungen des Glaubens für

den Taufunterricht. Seine Bücher wurden weit verbreitet,
auch seine vielen Lieder, die er dichtete und komponierte.
Ambrosius starb am 4. April 397.

Ambrosius war ein Versöhner. Das machen die Berichte
über sein Leben deutlich.
Woher nahm er die Kraft dafür? Vermutlich hatte er eine
hohe Begabung des Ausgleichens. Er war so klug, immer
wieder neue Wege des Miteinanders zu finden und zu
formulieren. Aber seine Versöhnungskraft hing auch mit
seinem Glauben zusammen.
Vielleicht schöpfte er sie aus dem Alleinsein mit Gott.
Ein Satz von ihm lautet:
„Niemals bin ich weniger allein, als wenn ich scheinbar
allein bin ... Allein war Maria, da redete sie mit dem Engel.
Sie war allein, als der Heilige Geist über sie kam und die
Kraft des Höchsten sie überschattete. Sie war allein und
bewirkte das Heil der Welt und empfing die Erlösung für
alle.“

Wer mit Gott allein sein kann, der kann auch in Gemeinschaft mit anderen sein.
Wer es in der Gegenwart Gottes aushält, der kann auch
andere besser ertragen.
Wer vor Gott ist, kann die Erfahrung machen, dass Gott die
im Inneren des Menschen widerstreitenden Gedanken und
Gefühle zur Ruhe und zur Versöhnung bringt.
Das alles sind beste Voraussetzungen für den versöhnenden
Dienst zwischen zerstrittenen Menschen oder Gruppierun-
gen. Wer Versöhnung Gottes in sich zulässt, kann auch
andere in die Versöhnung miteinander stellen.

Wenn wir uns am 7. Dezember, dem Tag seiner Einsetzung
ins Bischofsamt, sein Leben vergegenwärtigen, können wir
uns dabei auch die Frage stellen, wo wir selbst Versöhnung
brauchen.

Gibt es in uns Unversöhntes?
Hadern wir mit uns selbst oder mit begangenen Fehlern?
Gibt es Menschen, die wir zu unserem persönlichen Feind
erklärt haben?
Sind wir mit Gott unversöhnt?

Ambrosius kann Wegweiser sein:
Widerstreitendes kann vor Gott zur Ruhe gebracht werden.
Versöhnung fängt in mir an.
Damit Versöhnung geschieht, muss nicht der andere meine
Erwartungen erfüllen, sondern Gott kann mit seiner heilen-
den Kraft in mir wirken.

Ambrosius macht es vor:
Wo Versöhnung sich ausbreitet, da kehrt Friede ein.
Wo Gottes Friede ist, können wir mit seiner Macht rechnen.
Wo Gott ist, können Menschen wieder neu miteinander
beginnen.

8   *Maria*

„Maria, was ist passiert?", fragte Josef. So hatte er seine Verlobte noch nie erlebt. Ganz aufgeregt war sie zu ihm gekommen. Jetzt stand sie vor ihm, das schöne junge Mädchen, und haspelte immer wieder: „Josef, denk nur, ich bekomme ein Kind!" – „Wie – ein Kind?", fragte Josef entsetzt. – „Ja, ein Kind!" – „Aber wir sind doch gar nicht verheiratet", stammelte er, „und wir haben nicht miteinander geschlafen." Tausend Gedanken schossen ihm durch den Kopf. Warum ist sie ihm untreu geworden? Wann ist das geschehen? Er sah in ihre leuchtenden Augen, und bevor er fragen konnte, begann sie zu erzählen:

"Stell dir vor: Heute ist ein Engel zu mir gekommen! Ich war gerade zu Hause, da höre ich auf einmal jemanden zu mir sagen: ‚Sei gegrüßt, Maria, du hast Gnade vor Gott dem Herrn gefunden.' Ich bin total erschrocken. Als ich mich umdrehte, sah ich eine große helle Gestalt vor mir. Ich spürte, dass sie etwas Besonderes ist, dass sie von Gott kommt. Was wollte der Engel bei mir, einem einfachen Mädchen? Der Engel sagte zu mir: ‚Fürchte dich nicht, Maria. Gott ist gut zu dir. Er hat etwas Großes mit dir vor. Du wirst einen Sohn bekommen. Der soll Jesus heißen, er ist Gottes Sohn. Er wird mächtig sein und Gottes Reich verkünden. Und er wird für immer herrschen.' Ich war absolut überrascht. Das ist doch unmöglich, dachte ich. Und ich fragte: ‚Wie kann das sein?' Der Engel sagte: ‚Der Heilige Geist Gottes wird über dich kommen und die Kraft des Höchsten wird dich überschatten.'"

Josef war sprachlos. Seine Verlobte schwanger! Vom Heiligen Geist? Unglaublich! Sie bekommt ein Kind – von wem auch immer! Das gibt einen Skandal, dachte er. Wut wollte in ihm aufsteigen. Aber er liebte sie doch. Was sollte er jetzt mit ihr machen? Er konnte sie anzeigen. Eine uneheliche Schwangerschaft konnte hart bestraft werden, vielleicht sogar mit dem Tod. Das wusste er. Aber das will ich nicht, dachte er. Er sagte: „Maria, ich hab dich lieb. Darum müssen wir uns jetzt trennen. Es ist das Beste, wenn du heimlich gehst. Vielleicht kannst du bei Verwandten unterkommen, wo dich niemand so genau kennt. Lass mich bis morgen darüber nachdenken."

Maria ging nach Hause. Ja, unglaublich war es, was der Engel ihr sagte. Es war keine Einbildung. Sie hatte es gehört. Der Engel, der sich Gabriel nannte, hatte ihr auch erklärt: „Gott kann Wunder tun. Auch deine Verwandte Elisabeth bekommt ein Kind, obwohl sie schon so alt ist." Leise wiederholte es Maria immer wieder, prägte sich die Worte ein. Auch das, was sie dem Engel sagte: „Ja, ich will ganz für Gott da sein und bereit für das, was er mit mir vorhat. Mir geschehe, wie er will." (Lukas 1, 26-28; Matthäus 1, 18-25)

✳ *Maria war ein Adventsmensch wie kaum sonst jemand.*
Mitten in ihren Alltag hinein platzt ein Engel – und mit ihm
Gottes Gegenwart.
Von da an ist alles anders in ihrem Leben.

Vorher ein junges verlobtes Mädchen, nun schwanger.
Vorher unbescholten, nun möglicherweise verachtet, hinter
deren Rücken man tuscheln wird.
Vorher voller eigener Vorstellungen und Pläne,
nun von Gott für einen speziellen Auftrag erwählt.

Maria sagt zu dem Engel gegen Verstand und Gefühl: Mir
geschehe, wie du gesagt hast.
Damit gibt sie ihre eigene Lebensplanung auf, ihre eigenen
Vorstellungen und Ideen. Sie geht vom Aktiv („ich tue")
zum Passiv („mir geschehe"). Sie gibt sich hin, sie stellt sich

mit ihrem ganzen Körper, ihrem ganzen Sein zur Verfügung,
sie lässt an sich handeln, überlässt sich Gott. Ein Schritt des
Vertrauens und der Hingabe, wie ein Sprung ins Ungewisse.

Diesen Schritt beantwortet Gott mit seinen Zusagen:
Die Kraft des Höchsten wird dich überschatten.
Schatten ist Schutzraum,
in heißen Gegenden ein Ort der Erquickung, des Ausruhens.
Im Schatten Gottes darf Maria ausruhen und geborgen sein.

Bei Gott ist kein Ding unmöglich.
Schon in der Ankündigung der Geburt von Christus wird
deutlich, dass Gott auch über Naturgesetze der Herr ist und
sie darum auch durchbrechen kann. Er macht Unmögliches
möglich. Eine Jungfrau wird schwanger – allein durch den
Willen Gottes.
Später hat Jesus diese übernatürliche Kraft durch Wunder
wie Sturmstillung, Speisung von Tausenden, Heilung von
Kranken und Auferweckung von Toten vielfach gezeigt.

Maria zeigt uns, dass Gott ihr Vertrauen auf ihn segnet.
Ihre Hingabe macht Raum für sein Wirken. Maria ist als
Christusgebärerin einzigartig. Aber jeder Mensch, der sich
Gott hingibt, kann erleben, wie die Gegenwart Gottes ihn
ergreift, verändert, tröstet und sicher macht.

Maria trägt Christus in sich – und sie bringt Christus zur
Welt. Das ist – in der Spur der Maria – der Auftrag an
jeden, der Christus im Herzen trägt:
Mit ihm durch die Tage und Monate gehen, ihn in uns
tragen und anderen bringen – mit Worten und Taten, mit
Schweigen und Segnen.

9

Josef

Josef und Maria trafen sich wieder. Maria hatte ihrem Verlobten von dem Engel, der zu ihr kam, erzählt und dass sie ein Kind bekommen würde. Er war total entsetzt gewesen. Was hätte sie anderes erwarten können? Sie begriff es ja selbst noch nicht. Es wäre nur verständlich gewesen, wenn Josef sie sofort fortgejagt hätte. Wie würde er entscheiden?

Als er kam, spürte sie schnell: Er war völlig verändert. Seine Augen strahlten. Rasch erzählte er: „Stell dir vor, Maria, heute Nacht erschien auch mir ein Engel. Ich sah ihn im Traum, aber ich weiß: es war mehr als ein Traum. Ich konnte ja kaum richtig schlafen, weil ich so durcheinander war und enttäuscht und weil ich nicht wusste, was ich mit dir machen soll. Da kam der Engel und sagte zu mir: ‚Josef, scheue dich nicht, Maria, deine Verlobte, als deine Frau zu dir zu nehmen. Denn das Kind, das sie erwartet, kommt vom Geist Gottes.‘“

Maria war überglücklich. Nach dem, was sie erlebte, konnten andere sie ja für verrückt halten und meinen, alles sei Einbildung. Aber jetzt dämmerte es ihr mehr und mehr, dass alles richtig war. Alles stimmte, was der Engel ankündigte.

Josef erzählte weiter: „Hör, Maria, was der Engel weiter sagte: Du wirst ein Kind bekommen, das wir ‚Jesus‘ nennen sollen.“

„Ich weiß, Josef! So hat es der Engel auch mir gesagt.“

„Ja, Maria, der Engel hat auch erklärt, warum er so heißen soll. ‚Gott wird retten‘ – das bedeutet der Name, und Gott wird es tun. Er hat es ja lange schon angekündigt. Weißt du noch, wie wir neulich im Psalm gebetet haben: ‚Und er wird Israel erlösen von allen ihren Sünden‘? Genau das hat der Engel erwähnt. Und er hat unseren Propheten Jesaja genannt, der schreibt, dass eine junge Frau schwanger wird und ihr Sohn Immanuel heißen soll. Ach Maria, ich weiß es: Gott ist mit uns!"

„Und was wird nun aus uns?", fragte Maria. „Wirst du mich jetzt wegschicken, weil ich schwanger bin?"

„Nein, wie könnte ich?", antwortete Josef. „Wir bleiben zusammen. Wir werden Gott vertrauen und genau das tun, was der Engel gesagt hat. Du wirst meine Frau werden. Und dein Kind wird unser Kind sein. Und es wird Jesus heißen."

Josef gehört zu den Gestalten aus der Weihnachtsgeschichte, die gern übersehen werden. Maria und das Kind spielen meistens die Hauptrolle. Wenn wir aber die biblischen Berichte genau lesen, dann wird deutlich, dass Josef einen wichtigen Beitrag für die Geschichte Gottes mit seinen Menschen spielt.

Worte von Josef kennen wir nicht, aber seine Gedanken und seine Taten. Zunächst wissen wir: Er war ein Mann vom Bau, ein Zimmermann oder genauer: ein Bauingenieur, ein Mann der Tat. Und er war mit Maria verlobt. Sicher freute er sich auf die Zukunft mit seiner jungen Frau. Ein fröhliches Zugehen auf die Hochzeit, Planen der gemeinsamen Zukunft, so stellte er sich das vor.
Doch dann kam ein harter Schlag: Maria wird schwanger – und er weiß genau: nicht von mir.

Wir wissen nicht, ob Josef wütend war, als er es erfuhr.
Oder nur einfach verzweifelt und traurig.
Zweifelte er an Maria und ihrer Vertrauenswürdigkeit?
Oder an ihrer Wahrhaftigkeit?
War sie vielleicht verrückt geworden oder einem religiösen Wahn erlegen?
Es ist zum Davonlaufen – das war zunächst sein Gedanke.
Fort von hier.

*Es hätte durchaus zwei weitere Möglichkeiten gegeben,
damit umzugehen:
Entweder Maria anzuzeigen und ihr den Scheidungsbrief zu
geben. Dann wäre Maria als ledige Mutter ein Leben lang
gebrandmarkt gewesen.*

*Die zweite Möglichkeit: Maria verklagen und ihre Bestra-
fung fordern.*

*Josef entschied sich zunächst für einen anderen Weg, fürs
Davonlaufen. Er beschloss, sich von Maria in aller Stille zu
trennen. Wäre er diesen Weg gegangen, hätte er selbst die
Schuld auf sich genommen.
Dieses Vorgehen zeigt etwas vom Charakter des Josef: er
möchte Maria nicht schaden, er nimmt nicht die damaligen
üblichen Rechtsmittel in Anspruch. Er pocht nicht auf sein
Recht. Er ist vielmehr besonnen. Und er ist aufmerksam, als
der Engel ihm im Traum sagt, was er nun tun soll. So wird
er von Gott als Leihvater für Jesus eingesetzt.*

*Ohne Widerspruch akzeptiert er das Geschehen. Er bleibt
bei Maria. Er nimmt sie unter seinen Schutz. Er führt sie,
die Hochschwangere, mit in seine Heimatstadt Bethlehem,
als die Volkszählung beginnt.*

*Nach der Geburt Jesu muss die junge Familie nach Ägypten
fliehen. Erst Jahre später kehren sie nach Nazareth zurück.*

*Immer an der Seite Marias und immer in der Spur dieses
Kindes. So hat sich Josef zu ihnen gestellt, hat sie geschützt
und vor Gefahren bewahrt. Keine Worte, sondern eine hohe
Aufmerksamkeit für Gottes Wegweisung. Kein Murren,
sondern Gehorsam. Still und doch aktiv.*

*So ist Josef ein Mensch des Advents:
Er lässt Gottes Weisung gelten und handelt danach.*

10 *Simeon*

Da steigt er wieder die langen Stufen zum Tempeltor hinauf, der ältere Mann, schon etwas gebeugt, aber immer noch kraftvoll. Die Leute kennen ihn längst, den Simeon. Jeden Tag kommt er hierher zum Beten. Ein gutmütiger ist er, denken sie, und ein frommer. Einer, der nach Gottes Willen leben will. Man spürt die tiefe Freude in ihm, wenn er im Tempel einen Abschnitt aus der Bibel liest, wenn er Psalmen singt, wenn er betet. Heute scheint er es eilig zu haben. Schneller als sonst eilt er durch die hohen Tore und dann durch die Menschenmenge über den breiten Platz. Was treibt ihn so sehr? Seine Augen huschen flink von einer Seite zur anderen, so als suchten sie etwas. Oder jemanden.

Hier müssen sie irgendwo sein, denkt Simeon, als er sich dem Tempelgebäude mitten auf dem großen Platz nähert. Ich bin ganz sicher. Heute sehe ich ihn. Heute! Es war keine Einbildung. Gott hat zu mir gesprochen. Ich weiß es, wenn sein Heiliger Geist mir etwas sagt. Und heute hat er gesagt, dass ich ihn sehe, den Retter Israels, den Gott versprochen hat. So lange habe ich schon gewartet. So lange schon seit jenem Tag damals. Schon viele Jahre ist es her. ‚Er wird Israel erlösen‘, das habe ich damals gelesen. Und ich habe gebetet, immer wieder gebetet: ‚Herr, wann kommt der Retter, dein Messias?‘ Gott hat mir damals eine Antwort gegeben. ‚Du wirst es noch erleben‘, hat er mir angekündigt. Und heute hat Gottes Heiliger Geist gesagt: ‚Simeon, heute ist es so weit.‘

Maria hat sich von der Geburt gut erholt. Der kleine Jesus ist in den ersten vierzig Tagen seines Lebens schon ziemlich gewachsen. Josef trägt ihn auf dem Arm. Maria ist immer wieder neu beeindruckt von den herrlichen Gebäuden in Jerusalem, dazu von den vielen Menschen, dem lauten Stimmengewirr. Händler bieten lärmend ihre Waren an. Vom Opferaltar zieht der Geruch von verbranntem Fett herüber. Maria und Josef haben sich unten an der Tempelmauer zwei junge Tauben gekauft. Den kleinen Käfig tragen sie mit hinauf auf den großen Platz. Drüben, beim Tempel, wird es viel ruhiger. Man hört aus dem Innenhof die Menschen singen. Maria fängt an, leise mitzusummen. ‚Barmherzig und gnädig ist der Herr, voll großer Güte.' Ja, denkt sie, es ist ein Wunder – der Weg von Nazareth nach Bethlehem, dann die Geburt. Und die vielen Leute, die das Kind sehen wollten. Zuerst die Hirten. Auch die Weisen aus Persien. Wir wollen Gott für alles danken, ihm singen und die Tauben opfern. So, wie es im Gesetz Gottes steht.

Am Tempel geben sie die beiden Tauben einem Priester. Damit zeigen sie: So geben wir unser Kind ganz in Gottes Hand. Ihm soll es gehören. Er soll es beschützen. Eben wollen sie noch weiter nach vorne gehen, dorthin, wo das Singen herübertönt, da kommt der ältere Mann auf sie zu. Seine Arme hat er weit ausgebreitet. Er strahlt über das ganze Gesicht. Tränen treten ihm in die Augen. Eine innere, heilige Aufregung leuchtet aus ihm. Maria und Josef bleiben stehen. Jetzt ist Simeon bei ihnen. Er erzählt, was Gott ihm gesagt hat. Bittend sieht er Josef an. Er bekommt das Kind auf seinen Arm. Da kann er nicht anders. Vor Freude weint er. Und er fängt an, Gott laut zu loben: „Herr, nun lässt du deinen Diener in Frieden fahren, wie du gesagt hast; denn meine Augen haben deinen Heiland gesehen, den du bereitet hast vor allen Völkern, ein Licht, zu erleuchten die Heiden und zum Preis deines Volkes Israel."

Maria und Josef wundern sich. Sie staunen, dass selbst hier im Tempel jemand weiß, was das Besondere an diesem Kind ist. Simeon gibt Josef das Kind zurück. „Gott segne euch Eltern", sagt er. „Er leite euch auf euren Wegen." Er sieht Maria an. Sein Blick wird weit, als sehe er etwas in der Ferne. „Euer Kind", sagt er, „euer Kind wird viele zu Fall bringen und viele aufstehen lassen. Dazu ist es von Gott bestimmt. Es wird ein Zeichen Gottes in der Welt sein. Viele werden sich darüber ärgern und sich dagegen wehren. Aber es wird sichtbar werden, was die Menschen im Innersten denken. Und für dich, Maria, wird es auch schwer werden. Es wird einmal so sein, als ob ein Schwert durch deine Seele fährt." (Lukas 2, 22-35)

* *Simeon hat sein Leben lang auf diesen Moment gewartet, er wusste es von Gott: Ich werde erst sterben, wenn ich den Messias gesehen habe. Diese Verheißung, diese innere Gewissheit trug ihn. So hat er sein Leben lang gewartet, so wurde er ein Wartender, ein Wärter.*
Wer warten kann, kann etwas aushalten, kann etwas durchstehen. Warten bildet Geduld aus – und Vorfreude.
Die Seele im Warten Gott hinhalten, ist ein Spiegel der Bedürftigkeit des Menschen auf Gott hin.

Darum spricht Simeon nach der Tempelbegegnung davon, dass er nun „in Frieden sterben" kann.
Im Frieden sterben können - was für ein Trost, wenn das jemand vermag. Simeon kann uns sagen: Wer den Messias kennt, kann in Frieden sterben.

Niemand weiß, wann er von Gott gerufen wird. Der Gedanke an das Sterben und den Tod ist darum nicht erst im Alter wichtig.

Wer aufs Sterben vorbereitet ist, weiß besser, was wirklich zählt und worauf es ankommt.
Wer die Ewigkeit im Herzen trägt, hat Werte, die tragen:
Frieden, den nur Christus schenken kann;
Trost, der die Stürme der Seele zur Ruhe bringt;
herzliches Erbarmen mit den Mitmenschen;
Vorfreude auf die Begegnung mit Christus nach dem Tod.

Wir sind im Advent,
im Warten und Hoffen,
voller Sehnsucht auf Gott hin.

11 *Hanna*

⊰⊱⊰⊱⊰⊱⊰⊱

Eben hat Simeon das Kind Josef zurückgegeben, eben hat er die Eltern gesegnet und Maria etwas gesagt, was sie nie vergessen wird: „Es wird sein, als ob ein Schwert durch deine Seele fährt." Da nähert sich eine Frau, alt, gebückt, aber ihre Augen sind wach, ihr Blick ist lebendig und hell. Sie strahlt Maria und Josef an, sieht das Kind. Sie hat wohl mitgehört, was Simeon über das Kind sagte. Simeon kennt die alte Frau. Er trifft sie jedes Mal im Tempel. Er weiß, dass sie Hanna heißt und dass sie Tag und Nacht hier lebt. Jetzt hebt Hanna ihre Arme, und mit fester Stimme fängt sie an zu singen. Laut lobt sie Gott. Tempelbesucher bleiben stehen, staunen, fragen. Hanna fängt an, ihnen zu erzählen, was für ein Kind heute in den Tempel gebracht wurde. „Er ist es, auf den wir gewartet haben", ruft sie immer wieder. „Er ist der Messias, der Retter, der von Gott kommt." (Lukas 2, 36-38)

✳ *Noch einmal eine Begegnung im Tempel. Nach Simeon nun die alt gewordene Hanna. Von ihr erfahren wir nicht viel. Aber immerhin dies: Ihr Vater hieß Penuël. Sie hatte als junges Mädchen geheiratet, hatte sich auf eine lange Ehe gefreut. Aber es kam anders. Ihr Mann starb nach nur sieben Ehejahren. Das traf sie hart. Kinder hat sie vermutlich nicht bekommen. Viele Wünsche blieben unerfüllt. Aber eine Hoffnung hegte sie ihr ganzes Leben lang: dass Gott bald seinen versprochenen Retter, den Messias, schicken wird. Auf ihn wartete sie. Sie heiratete nicht mehr. Ihr Lebensmittelpunkt wurde der Tempel. Dort lebte sie Tag und Nacht, feierte Gottesdienste, betete und fastete regelmäßig.*

Die Zahlen in der Geschichte (Lukas 2,36-38) haben ihre tiefe Bedeutung. Die Zahl Sieben drückt Vollständigkeit und Vollendung aus. Ihre Ehe wurde nach sieben Jahren vollendet. Auch in der kurzen Zeit war sie ein Ganzes. Es war das Maß, das Gott für sie und ihren Mann vorgesehen hatte. Jetzt ist Hanna 84 Jahre alt: zwölf mal sieben Jahre. Zwölf steht in der Bibel oft als Zahl für das Gottesvolk: zwölf Stämme im Alten und zwölf Jünger im Neuen Testament. Die Zahlen im Leben der Hanna können ausdrücken: Jetzt wird das Gottesvolk vollendet, jetzt, wenn dieses Kind geboren ist und aufwachsen wird.

Die Hoffnung auf den Messias, auf Gottes Rettung bewahrte sie in ihrem Herzen und trug sie weiter. Ihr Warten wurde belohnt. Hanna war über ihrem Leben nicht bitter geworden. Die Hoffnung lebte in ihr, trug sie, tröstete sie, erfüllte sie. Darum konnte sie fröhlich Gott loben und von diesem Kind erzählen.

Alt werden und erwartungsvoll bleiben, trotz allem, trotz Enttäuschungen Gott zugewandt bleiben, die Hoffnung nicht zu Grabe tragen – das können wir von Hanna lernen. Erwartendes Leben heißt Erwarten des Lebens, in der inneren Bereitschaft des Hörens bleiben, jeden Tag neu auf Christus warten, gespannt sein auf das, was er uns in unserem Leben zeigen will, neugierig sein, wie er uns begegnen will, erwarten, dass er uns selbst zum Leben werden will.

Das hat Hanna erzählt – so macht sie uns vor: Adventliches Leben ist verkündigendes, erwartendes und dankbares Leben.

12 Franz von Assisi

‿◦⟨ᴄᴈ⟨ᴈ⟩⟨᠍ᴈ⟩◦‿

Man schreibt das Jahr 1223 n.Chr. Die Heilige Nacht vom 24. auf den 25. Dezember bricht an. Die Menschen sind diesmal gespannter als sonst. Aus allen Richtungen strömen sie in den Wald bei Greccio zusammen, einem kleinen Ort in Mittelitalien. Es hat sich herumgesprochen: Franziskus von Assisi, den manche schon den Heiligen nennen, wird wieder dabei sein. Er wird das Weihnachtswunder erzählen und in die Herzen predigen. Sie freuen sich darauf. Aber man hat sich noch mehr zugeflüstert: Diesmal sei etwas Besonderes in der Heiligen Nacht zu erwarten. Einen hoch angesehenen Mann in Greccio, Johannes mit Namen, soll Franziskus mit einigen Vorbereitungen beauftragt haben. In kleinen und großen Gruppen eilen sie aus den Dörfern der Umgebung herbei. Aus Greccio ist alles auf den Füßen, was laufen kann. Viele haben Kerzen dabei, auch Fackeln, kostbar, in mühevoller Arbeit selbst geformt. Nachher sollen sie die Feier festlich erleuchten. Im Wald wird es dunkler. Der Weg ist gerade noch zu erkennen. Einige Frauen fangen schon an zu singen. Ein paar helle Punkte in der Ferne werden beim Näherkommen größer. Es sind Fackeln, die dort schon brennen. Jetzt ist die große Lichtung erreicht. Andächtig und feierlich stehen schon viele Menschen im Halbrund, blicken nach vorne, dort, wo ein Hügel zu erkennen ist, an dessen Fuß ein Felsen. Was geht dort vor sich? Lieder werden angestimmt, alte Weisen, die vom Sohn Gottes singen, der in die Welt kam. Ein vornehmer Mann schreitet an den Felsen, beleuchtet von Fackelträgern. „Das ist Johannes", flüstern sich einige zu. Aber was trägt er auf seinen Armen? Eine Futterkrippe bringt er mit. Langsam stellt er sie vor den Felsen ab. Eine Frau hinter ihm bringt Stroh, verteilt es sorgfältig in die Krippe. „Franziskus ist da", tuscheln sich die Leute zu, zeigen hinüber zu dem Mann, der vorne im Halbrund steht, wie immer in seine Mönchskutte gekleidet. Auf der Lichtung wird es heller. Immer mehr Kerzen und Fackeln erhellen das Rund. Die Blicke wandern wieder nach vorne. Was ist das? Ein mächtiges „Iaah" tönt mitten in die Weihnachtshymnen hinein. Tatsächlich, dort wird ein Esel herbeigeführt. Nur widerwillig lässt er sich in die Nähe der Futterkrippe zerren. Auch ein Ochs trottet an der Leine eines Bauern heran, schaut verwundert, bleibt aber ruhig. Die Gesänge werden lauter. Bewegt spürt die Menschenmenge das Besondere dieser Feier. Franziskus hat sich neben die Krippe gestellt. Er nickt dankend zu Johannes hinüber. Dann fängt er an zu sprechen, langsam, laut und klar. „Es ist Weihnachten geworden, und wir sind hier zusammen, um das Wunder zu feiern. Der Gottessohn kam in unsere arme Welt. Er wurde selbst arm für uns. Ein Kind in der Krippe wurde er. Das, meine Schwestern und Brüder, das sollen wir mit unseren eigenen Augen sehen. Darum habe ich Johannes gebeten, uns eine Krippe aufzustellen. So wie es damals in Bethlehem war. So kam Christus, unser Retter, zu uns. So klein machte er sich, damit er bei uns ist. Ihn wollen wir loben in dieser Nacht!" Die Menschen sind ergriffen. Andächtig steht Franziskus an der Krippe wie einst Josef. Andere nähern sich der Krippe, Maria, den Hirten und Weisen gleich. Der Jubel der Gesänge dauert noch lange. So haben sie noch nie Weihnachten gefeiert.

✳ *Franziskus' Idee der „Lebendigen Krippe" war Vorläufer aller heutigen Krippendarstellungen und -spiele. Sein Staunen über Gottes Liebe, die Ehrfurcht vor dem Geschehen an Weihnachten, begeisterte ihn so sehr, dass er dies mit den Menschen von Greccio teilen wollte.*
So alltagsnah und wirklichkeitsbezogen wie nur möglich wollte er zeigen: So war das damals. So ist Christus Mensch geworden. So begreifbar hat sich Gott gemacht. So wurde er einer von uns.

So nah kommt uns Gott – aber eben nicht nur damals.
Weihnachten und darin die biblischen Erzählungen sind
nicht nur für Gelehrte und Priester, nicht nur für Diakone
und Mönche gegeben, sondern gehen jeden etwas an. Sie
sind auch nicht nur vergangene Geschichten, sondern haben
mit unserem Heute und Hier zu tun.
Dieses Anliegen hatte Franziskus. Seine Botschaft lautete:
Gott kommt in deine Welt. So wie du atmest, riechst und
hörst, so wie du frierst und dich freust, so wurde Gott
Mensch wie du. Dass der allmächtige Gott sich in einen
menschlichen Körper begibt, ist ein unbegreifliches Geheimnis. Denn darum weiß er um alles, was dich beschäftigt und
wie es dir dabei geht: Er weiß, wie es sich anfühlt, hungrig
oder durstig zu sein, zu schwitzen oder zu frieren, müde
oder froh, verletzt oder zufrieden zu sein – er kennt das
alles. In allem kann er darum gegenwärtig sein und sich
dir zeigen. Er kann dich verstehen, mit dir teilen, sich dir
mitteilen, Teil deines Lebens werden.

Adventlich leben bedeutet darum: das Christuskind einladen und seine Gegenwart in Schmerz und Empörung, in
Traurigkeit und Freude, in Verzweiflung und Zuversicht
zulassen.
Bis in die innersten Erfahrungen, Gefühle und Gedanken
kann Jesus gegenwärtig sein. Kein Ort in dieser Welt und
kein Ort in uns ist ihm zu dunkel, zu kalt, zu hoffnungslos,
zu verlassen, zu schmutzig, zu bedrohlich – er kann überall-
hin kommen und verändern.
Wenn sich Christus so in uns gestalten darf, wird es Advent
in uns.

13 Lucia

Jetzt noch meine Kerzen, denkt Lucia. Sie ist in Eile. Die Abend-
dämmerung hat schon eingesetzt. Das ist der richtige Moment,
um wieder Brot und Wasser in die Katakomben zu bringen. Die
Gefahr, auf dem Weg dorthin erkannt und gefasst zu werden, ist
in letzter Zeit gewachsen. Die junge Frau weiß es. Aber sie hat
keine Angst. Schnell nimmt sie ihre Körbe. Auch Früchte hat sie
heute eingepackt, Nüsse und Datteln dabei. Und ihren Kopfreifen.
Dann eilt sie los. Aufmerksam huscht sie durch die Gassen. Bald
hat sie das niedere Tor erreicht. Sie schaut sich noch einmal um,
öffnet das Tor und schlüpft in die Dunkelheit. Hier beginnt die
Treppe in die Tiefe. Sie stellt ihre Körbe ab, tastet nach den Kerzen, zündet sie an, befestigt sie auf ihren Kopfring. Diesen setzt
sie sich auf, damit sie ihre Hände frei hat und die Körbe hinabtra-
gen kann. Sie kennt das Gewirr der vielen Gänge, weiß, wo sich
zwischen den Grabkammern Christen versammeln. Es ist nicht
recht, denkt sie. Warum können wir nicht frei zum Gottesdienst
zusammenkommen? Warum werden wir verfolgt, wenn wir uns
zu Christus bekennen?
In der Ferne hört sie leise Gesänge. Sie folgt den Tönen, findet
ihre geistlichen Schwestern und Brüder. Bald steht sie in ihrem
Kreis, singt und betet mit. Hier schöpft sie immer wieder neue
Kraft. Ihre Gedanken gehen zurück. Es war nicht leicht. Immer
wieder muss sie an den Moment denken, als sie ihrem Verlobten
sagen musste: Ich will nicht heiraten! Sie hatte Gott ein Gelübde
gegeben, dass sie nur ihm ganz gehören und dienen wolle. Sie verstand ja, dass ihr Freund enttäuscht war. Er tat ihr leid. Aber sie
war ganz sicher, den ihr von Gott bestimmten Weg zu gehen. Bald
danach erfuhr sie, dass ihr Verlobter sie verraten hatte. Er hatte

den Richtern gemeldet, dass sie zu den Christen gehört und sich weigert, den Kaiser und die römischen Götter anzubeten. Daran muss sie denken, als sie jetzt weit unten in einer Katakombe mit den anderen singt, Bibelworte hört, betet. Bald muss sie den Kreis wieder verlassen. Sie findet den Weg zurück, steigt hinauf, löscht die Kerzen, schleicht in die Nacht hinaus. Schon nähert sie sich ihrem Haus, da hört sie hinter sich schnelle Schritte. Sie kommen näher. „Da ist Lucia", hört sie jemanden rufen. Und schon packen sie starke Hände, halten sie fest, fesseln sie. Ihr letzter Weg hat begonnen.

✳ *Lucia wurde 286 n.Chr. in Syrakus als Kind reicher Eltern geboren. Schon früh spürte sie ihre Berufung zur Ehelosigkeit und zur ganzen Hingabe an Gott. In der Zeit der schweren Christenverfolgung wurde sie für viele zu einer Licht- und damit Hoffnungsträgerin.*

In Schweden ist der Luciatag seit mehr als 200 Jahren ein besonderer Feiertag: Die älteste Tochter im Hause stellt Lucia dar und trägt einen grünen Kranz mit einer Reihe brennender Kerzen. So geht sie am Morgen von Zimmer zu Zimmer und weckt die Eltern und Geschwister. Sie bringt die ersten Kostproben der Weihnachtsplätzchen mit. Ihr Licht ist Vorbote des Weihnachtslichtes.
Noch heute wird in Italien am Luciatag „Torrone dei poveri" als Mahlzeit für die Armen vorbereitet. Lucienbräuche finden sich auch in Ungarn, Serbien und Süddeutschland.

Lucia heißt wörtlich übersetzt Licht oder Lichtträgerin. Ihr ganzes Leben war ein Hinweis auf Christus, das Licht der Welt.
Auch Drohungen, Verfolgung, Verleumdung und üble Nachrede konnten sie nicht hindern, sich für Verfolgte und Arme einzusetzen. Sie ließ sich dadurch nicht von ihrer tätigen Nächstenliebe abschrecken – und schon gar nicht von

ihrer Botschaft der Hoffnung, ihrem Glauben an Christus. Am Ende bezahlte sie diese Hingabe mit dem Tod als Märtyrerin.

Damit machte sie deutlich, dass das Licht, das durch Christus in die Welt und in ihr Leben gekommen ist, ihr wertvoller war als irdische Reichtümer und sogar kostbarer als ihr eigenes Leben. Sie hatte die Erfahrung gemacht: Dieses Christuslicht macht es hell, wo es sonst dunkel und trostlos bleiben würde. Adventlich leben heißt: Licht in die Dunkelheit der Angst und der Ratlosigkeit tragen – ein Hoffnungszeichen in die Sorgen und Nöte anderer Menschen bringen.

So kann Lucia uns herausfordern,
* *in unserem Leben die dunklen Schatten durch Christus ausleuchten zu lassen,*
* *ihn einzuladen, damit er Finsternisse der Seele, Gedanken und Gefühle hell macht,*
* *die Macht seines Osterlichtes wirken zu lassen, damit die Dunkelheit verbannt wird,*
* *Schatten der Gottesferne durch Christus aus dem Leben hinauswerfen zu lassen.*

Wenn Christus so Licht in uns wird, werden auch wir zu Lichtträgern. Dann kann der helle Schein seiner Gegenwart durch uns in die Welt getragen werden.

14 *Hieronymus*

„... amen veni Domine Iesu gratia Domini nostri Iesu Christi cum omnibus" (dt: Amen, komm Herr Jesus. Die Gnade unseres Herrn Jesus Christus sei mit allen). Der alte Mann atmet auf. Er legt seine Schreibfeder auf den Tisch. Eben hat er die letzten Sätze des Neuen Testaments ins Lateinische übersetzt. „Die Leute sollen die Bibel lesen können, sollen sie verstehen", murmelt er. Jetzt ist er müde. „Ich gehe nochmals rüber in die Kirche", denkt er, „und zur Krippe." Er hat es sich nicht leicht gemacht, die Bibel aus dem Hebräischen und Griechischen in ein verständliches Latein zu übersetzen. Aber von ihm, Sophronius Eusebius Hieronymus, war ja weithin bekannt, dass er fleißig und gründlich arbeiten konnte. Immer wieder denkt er zurück an seine Jugendzeit, als er noch kein Christ war. Rhetorik und Philosophie hat er studiert. Ach, wie viel hat er gelesen! Aber dann, als er zum Glauben kam, wurde ihm die Bibel immer wichtiger. Die biblischen Ursprachen wollte er verstehen. Darum lernte er sie. Und darum will er, dass alle Menschen Gottes Wort in ihrer Sprache lesen und hören können.

Hieronymus steht auf. Langsam bewegt er sich zu der schweren Holztür. Schon viele Jahre lebe ich jetzt hier in meiner Grotte, denkt er. Dunkel ist es oft hier, ja, und im Winter kalt. Aber mir ist es hell und warm, wenn ich daran denke, dass hier nebenan Christus geboren wurde. Er öffnet die Tür, steigt die schmalen Stufen hinauf. Zu der großen herrlichen Kirche sind es nur ein paar Schritte. Vor einigen Jahrzehnten wurde sie hier erbaut, genau über dem Ort, wo Jesus geboren wurde. Die Leute hier in Bethlehem können noch erzählen, was Generationen vor ihnen wussten. Dorthin, wo einst die Krippe stand, will er jetzt gehen und beten. Er hat in seinem langen Leben viel geschrieben. Seine Lehrbücher und Kommentare sind bekannt. Ach ja, auch viel Streit füllte diese Jahre. Auch daran muss er denken. Manchmal hat er sich zu sehr ereifert. Er weiß das. Aber jetzt wird er ruhig. Er ist in der Geburtsgrotte angekommen. Hier, denkt er still, wurde Christus aufgenommen und in die Krippe gelegt. Aber nun ist es wichtig, dass wir ihn aufnehmen und in unser Leben legen.

Der alte Mann betet noch lange. Dann kehrt er in seine Grotte zurück. Er schreibt auf, was ihm in den Sinn kam, was ihm immer wichtig war: „Christus ist Gottes Kraft und Gottes Weisheit, und wer die Heilige Schrift nicht kennt, der kennt weder Gottes Kraft noch seine Weisheit: Die Schrift nicht kennen heißt Christus nicht kennen."

✳ *In Bethlehem steht die Geburtskirche, errichtet über der Stelle, wo Jesus nach der Überlieferung geboren ist. Direkt daneben befindet sich die „Hieronymus-Grotte" – ein Raum, in dem Hieronymus viele Jahre seines Lebens gelebt hat. Er wollte mit Christus wohnen – direkt dabei, vor Ort, bei Christus und seiner Geburt.*

Hieronymus wurde 374 n.Chr. geboren. Er war Christ geworden, nachdem er in Rom die Katakomben – Grabstätten von Märtyrern – besucht hatte. Weil dort der Übergang vom irdischen zum himmlischen Leben gefeiert wurde, waren diese Grabstätten immer auch Räume der Anbetung und des Gottesdienstes. Wenn an Gräbern auch an die himmlischen Wohnungen gedacht wird, bekommen irdische Wohnräume eine andere Bedeutung und einen anderen Charakter. Jesus sagte zu seinen Jüngern: „In meines Vaters Hause sind viele Wohnungen. Wenn's nicht so wäre, hätte ich dann zu euch gesagt: Ich gehe hin, euch die Stätte zu bereiten?" (Johannes 14,2).

Einige Jahre lebte Hieronymus zurückgezogen in Syrien als

Eremit, in der Einsamkeit vor Gott. Er lernte, Gott in sich wohnen zu lassen. Wo Gott Wohnung in uns nimmt, sind wir auch gerne bei uns zu Hause, können es mit uns selbst aushalten.

Später lernte Hieronymus Griechisch und Hebräisch. Nur wenige Gelehrten der damaligen Zeit konnten beide Sprachen. Diese Fähigkeit wurde Grundlage seines größten Lebensauftrages: „das Wort Gottes in uns wohnen lassen". Er übersetzte die gesamte Bibel ins Lateinische, in die damalige Umgangssprache. So entstand die „Vulgata", wörtlich die „Allgemeine" oder auch die „all-verständliche" Bibel. Die Übersetzung war eine mühsame Arbeit. Es fehlte ihm oft am nötigen Arbeitswerkzeug, beispielsweise an Vokabularien oder Grammatikbüchern. So brütete Hieronymus nächtelang über den Heiligen Schriften, bis ihn häufig – wie er selbst berichtet – der Schlaf übermannte, ihm der Kopf herabsank und er auf dem vor ihm liegenden Text einschlief. Doch seine Mühe wurde für viele Generationen zu einer großen Hilfe. Bis heute wird die Vulgata – in überarbeiteter Form – in der Liturgie und im Theologiestudium verwendet.

Die letzten 34 Jahre seines Lebens lebte er in Bethlehem, direkt neben der Stelle, wo Jesus geboren wurde. Er wollte dort sein, wo Christus zur Welt kam. Er wollte anbeten, wo Gott sich in diese Welt hinein erniedrigt hat.
So konnte er darüber staunen, dass schon bei der Geburt von Christus eine Brücke zwischen der himmlischen und der irdischen Wohnung geschlagen wurde.

Christus erniedrigte sich in unsere arme Welt, ließ die himmlische Wohnung hinter sich und wurde in einen Futtertrog gelegt, in unsere ärmliche und erbarmungswürdige Welt.
So sah Hieronymus immer beides vor sich: Himmel und Erde, Reichtum und Armut.

So wohnte er mit Christus, ließ Gottes Wort Gestalt gewinnen, fasste es in Worte, machte es anderen zugänglich.

Wohnen mit Christus – ein Adventsthema.
Wenn Christus die arme Holzkrippe für sich erwählt hat,
um dort geboren zu werden, dann kann kein Ort der Welt,
kein Herz zu unbequem und zu schlecht für ihn sein.
Selbst der unwohnlichste und dunkelste Ort, und wäre
es der in meinem Inneren, kann für ihn zur Wohnstätte
werden. Sobald Christus darin einkehrt, wird dieser Ort
verwandelt, geprägt von der Gegenwart Gottes und damit
geheiligt, hell und freundlich.

Wenn Christus in uns wohnt, wird es Advent in uns.

15 *Micha*

Die Schritte werden schwerer. Das Alter des Mannes ist kaum zu schätzen, nur etwas gebeugt kommt er daher. Und er steigt langsamer als früher den steilen Weg zum Ölberg hinauf. Er bleibt stehen, blickt noch einmal zurück. Der Ärger liegt noch auf seinem Gesicht. Eben war er an einem der Stadttore Jerusalems vorbeigekommen. In die Stadt wollte er diesmal nicht. Das Treiben war ihm zu laut, zu bunt. Nur ein paar Schritte auf den großen Tempelplatz hatte er sich nicht nehmen lassen. Aber auch dort wurde ihm das Treiben zu geschäftig. Er beobachtete, wie miteinander streitende Geschäftsleute vorbeieilten. Er sah, wie Priester gern die Münzen einsteckten, die man ihnen gab. Die segnen alles und jeden, nur um mehr Geld zu bekommen, dachte der Mann ärgerlich. In diesem Moment stieß ihn jemand von der Seite an. „Micha, ich freue mich, dich wiederzusehen." Ein junger Mann stand neben ihm. Micha erinnerte sich, ihn in Moreschet, seinem Heimatort, getroffen zu haben. „Was meinst du, Micha, wird Gott uns helfen, wenn die Assyrer kommen?", fragte der Jüngere direkt. Michas Miene verfinsterte sich. „Sieh doch", antwortete er, „so viel ist hier nur geheuchelt. Anführer lassen sich bestechen. Priester lassen sich bezahlen, damit sie segnen. Falsche Propheten beschwichtigen gegen Geld und sagen, uns könne doch nichts passieren. Aber Gott will solche scheinheiligen Gottesdienste nicht." Eine kleine Menschenmenge hatte sich um Micha und den jungen Mann gebildet. Micha, den Propheten, kannten sie. Was er sagte, hatte Gewicht. „Es ist dir gesagt, Mensch, was gut ist und was der Herr von dir fordert, nämlich Gottes Wort halten und Liebe üben und demütig sein vor deinem Gott", setzte er seine Rede fort. Er war bekannt dafür, dass er Unrecht beim Namen nannte. „Wie lange noch häufen Verbrecher in dieser Stadt Schätze in ihren Häusern auf, die sie durch Betrug an sich gebracht haben? So spricht der Herr: Wie lange beleidigen sie mich noch mit ihren gefälschten Messgefäßen, die unter meinem Fluch stehen? Die Händler haben falsche Gewichtssteine im Beutel. Die Reichen wollen immer mehr, sie lügen und betrügen und beuten die Armen aus." Micha verließ den Tempelplatz. Er nahm den Weg hinunter ins Kidrontal und dann hinauf zum Ölberg. Jetzt ist er fast ganz oben angekommen. Ja, die Assyrer, denkt er, das Nordreich haben sie schon erobert. Und Gott hat mir gezeigt, dass einmal auch der Tempel hier zerstört werden wird. Ohne Gott oder gegen ihn zu leben – das wird irgendwann auf uns zurückfallen.

Micha hat die Höhe des Ölbergs erreicht. Nachdenklich blickt er nach Jerusalem hinüber. Er muss an die vielen Warnungen und Mahnreden denken, die er im Auftrag Gottes schon gehalten hatte. Ob sie gehört wurden? Langsam dreht er sich um. Er schaut in den Süden. Auf den Hügeln dort meint er die ersten Häuser von Bethlehem erkennen zu können. Bethlehem, die Stadt, aus der David kam. Ja, David, der große König, geht es ihm durch den Sinn. Und dann werden seine Worte auf einmal laut. Es ist, als rede nicht er, sondern ein anderer durch ihn. Gott spricht in seiner Stimme. „Und du, Bethlehem Efrata, die du klein bist unter den Städten in Juda, aus dir soll mir der kommen, der in Israel Herr sei, dessen Ausgang von Anfang und von Ewigkeit her gewesen ist. ... Er aber wird auftreten und weiden in der Kraft des Herrn und in der Macht des Namens des Herrn, seines Gottes. Und sie werden sicher wohnen; denn er wird zur selben Zeit herrlich werden, so weit die Welt ist. Und er wird der Friede sein." Micha strahlt vor Glück. Gott lässt ihn nicht nur Schweres schauen. Er wird kommen, denkt er. Ein Nachkomme Davids. Er wird Frieden bringen. Dann werden die Menschen ihre Schwerter zu Pflugscharen und ihre Spieße zu Sicheln machen. Gott wird ihn senden, der unser Heil sein wird.
(Micha 6, 8; 5, 1.3.4a)

Micha war ein Wartender, Hoffender und Leidender – und
darin war er ein Adventsmensch. Er litt an den politischen
Zuständen, an dem Verhalten der Menschen. Er litt am
Ungehorsam seines Volkes gegenüber Gott und dem daraus
entstehenden Leid, an Egoismus und Rechtlosigkeit, an
Ausbeutung und Unterdrückung der Schwachen.

Doch Gottes Zusagen waren sein Trost.
Adventlich leben heißt auch: Spannungen aushalten können.
Die Kluft zwischen Wirklichkeit und Verheißung.
Unrecht beim Namen nennen – und auch Schweigen vor
der Allmacht Gottes. Furchtlos vor Menschen zur Wahrheit
stehen - und in der Ehrfurcht vor Gott die Knie beugen.
Die Hoffnung auf Gottes Zukunft nicht verlieren, auch
wenn dabei Geduld nötig ist.

Michas Prophetie über Bethlehem spielt in der Weihnachts-
geschichte eine entscheidende Rolle. Seine Vorhersagen über
Bethlehem bringen die Weisen aus dem Morgenland zur
Krippe. Diese waren ursprünglich in Jerusalem am Königs-
palast gelandet in der Erwartung, dort den neugeborenen
König der Juden zu finden. Erst die Nachforschung im
Prophetenbuch Micha brachte es zutage: Der Messias wird
in Bethlehem zur Welt kommen.

In Bethlehem – eben nicht in der Hauptstadt, sondern in der
kleinen Stadt – soll er geboren werden, der Friedefürst.
Damit macht Micha etwas Weiteres deutlich:
Es kommt nicht auf die Größe an, sondern auf die Zusage
Gottes.

Was über Bethlehem gilt, gilt über jedem Leben.
Wo Gott seine Hand auf uns legt, uns beruft, da entsteht
Bedeutung. Nicht der äußere Schein ist wichtig, sondern die
Macht Gottes in uns.

Adventlich leben heißt:
*   *Gottes Berufung gelten und wirken lassen,*
*   *die Augen vor Leid und Unrecht nicht verschließen*
*   *und zugleich die Hoffnung nicht aufgeben.*

16 *Johannes der Täufer*

Jetzt sind wir bald unten, dachten einige. Erschöpft waren sie schon etwas, aber viel mehr noch gespannt. Frühmorgens waren sie losgezogen, um noch vor der Mittagshitze im Jordantal anzukommen. Ein steiler Pfad, fast 1200 Höhenmeter von Jerusalem hinab, ein langer Weg über steinige Hänge und durch tiefe Wüstenschluchten. Große und kleine Gruppen waren unterwegs, um den berühmten Prediger Johannes zu hören. Viel hatte man in den letzten Tagen und Wochen von ihm erzählt, wie er predigt und tauft. Ein Prophet sei er, sagten manche. Andere meinten, er könnte sogar der wiedergekommene Elia sein – und wenn der auftritt, das wussten sie, dann wird auch bald der Messias kommen. Neugierig waren sie auf ihn, den Sohn des früheren Priesters Zacharias und seiner Frau Elisabeth.

Unten im Jordantal angekommen, sahen sie ihn. Schon mit seinem Kleid aus Kamelhaaren musste er auffallen. Man berichtete, dass er Heuschrecken fangen könne und sich von ihnen ernähre, auch von wildem Honig. Seine kräftige Stimme war weit zu hören. „Ihr Schlangenbrut!", rief er. Wie bitte?, dachten einige. Wir sind doch anständige Leute. Wie kann er uns so begrüßen? „Ihr Schlangenbrut", rief Johannes noch einmal. „Ihr Otterngezücht! Bald naht das Gericht Gottes. Wer hat euch gesagt, dass ihr dort bestehen könnt? Kehrt um! Gottes Reich kommt. Es ist schon da. Darum ändert euer Leben. Tut Buße. Und zeigt das auch in dem, was ihr tut." Er kann wirklich packend predigen, dachten die Leute. Aber noch viel mehr spürten sie: Was er sagt, redet er nicht einfach daher. Das kommt von Gott. Der heilige Gott selbst ruft uns zur Umkehr. „Ihr bildet euch ein", rief Johannes, „dass euch nichts passieren kann, weil Abraham euer Stammvater ist. Aber täuscht euch nicht. Was ist schon eure Abstammung? Gott kann aus diesen Steinen hier neue Nachkommen schaffen."

Die Leute lauschten aufmerksam. Was Johannes redete, bewegte sie tief. Einige fragten: „Was sollen wir denn tun?"
„Was ihr tun sollt? Folgt Gottes Willen. Wer zwei Hemden hat, soll dem eines geben, der keines hat. Wer etwas zu essen hat, soll es mit dem teilen, der hungert. Seid nicht geldgierig und betrügt einander nicht. Lebt so, wie es Gottes Herrschaft entspricht. Tut Buße! Zum Zeichen dafür lasst euch taufen." Viele ließen sich von Johannes im Jordan untertauchen. Mit der Taufe wollten sie ein neues Leben beginnen. (Lukas 3, 1-18)

✳ *Am 3. Advent wird in den christlichen Kirchen in der Predigt an Johannes den Täufer und seinen Aufruf zur Umkehr gedacht.*

Die Adventszeit ist von alters her immer auch eine Bußzeit gewesen, eine Zeit der inneren Einkehr und Umkehr.

Umkehr bedeutet: das Gesicht umwenden, einen anderen Blickwinkel einnehmen, das Leben aus einer anderen Perspektive betrachten.
Dazu hat Johannes aufgerufen: Kommt heraus aus falschen Sicherheiten. Baut euer Leben nicht auf Halbwahrheiten. Räumt in eurem Leben auf. Orientiert euch neu an Gottes Willen. Fangt neu an.

Die Adventszeit als Bußzeit zu gestalten, bedeutet auch, den Mut zu haben, sich hinterfragen zu lassen. So wie ein Maler oder Bildhauer manchmal einen Schritt zurücktritt, um sich einen besseren Gesamteindruck von seinem Werk zu verschaffen, so kann Bußzeit bedeuten: das Leben aus der Distanz zu betrachten. Sich grundsätzlicher fragen:

Wie lebe ich eigentlich?
Worauf kommt es mir an?
Welche Motive treiben mich im Innersten an?
Was hat Gott mit mir vor?
Entfaltet sich Gott mit seiner Kraft in meinem Leben?
Wo sollte ich Altes hinter mir lassen, damit Neues aufwachsen kann?
Wo brauche ich Vergebung, Heilung, Versöhnung und Befreiung?

Johannes hat, als Jesus zu ihm an den Jordan kam, auf ihn gezeigt und gerufen:
„Er muss wachsen, ich aber muss abnehmen"
(Johannes 3, 30).

Ein gutes Motto für den Advent und für adventliches Leben an jedem weiteren Tag.

17 *Lazarus*

❧⌇⌇⌇⌇⌇⌇❧

„Er kommt. Tatsächlich, er kommt." Im Haus des Simon in Betanien herrscht Aufregung. Das Festmahl ist vorbereitet, die Tafel wird eben noch reich gedeckt. Jesus ist auf dem Weg hierher, einige seiner Freunde mit ihm. Auch Maria und Marta werden gleich dabei sein. Und vor allem deren Bruder Lazarus. Es gibt niemanden in Betanien, der es nicht mitbekommen hätte, was hier in dem kleinen Dorf nahe bei Jerusalem geschehen ist. Immer wieder erzählt man es sich: wie Lazarus krank wurde, wie sich seine Schwestern um ihn sorgten, wie er starb, wie sie ihn ins Grab legten. Und dann – vier Tage später war es: Jesus kam nach Betanien. Eigentlich hatten die Schwestern gehofft, er würde früher kommen, um den Kranken zu heilen. Andererseits wussten sie: In der Nähe von Jerusalem läuft Jesus immer Gefahr, verhaftet zu werden. Doch Jesus kam trotzdem. Marta wird nie vergessen, wie sie ihn auf dem Friedhof traf, wie verzweifelt sie war, als sie ihm erklären musste, dass Lazarus schon tot ist. Wie Jesus dann mit ihr redete, wie er am Grab von Lazarus weinte und ihn danach aus dem Grab herausrief. War das ein Staunen, eine Freude, ein Bewundern: Jesus kann aus dem Tod auferwecken! Wie ein Lauffeuer hat es sich herumgesprochen, auch bis nach Jerusalem. Sogar eine Sondersitzung des Hohen Rates wurde einberufen. Die hohen Herren wollten keinen Aufruhr. Das könnte ja die Stabilität im Land und ihre eigene Position gefährden. Wunder hin oder her. Darum beschlossen sie: Jesus muss getötet werden. Kein Wunder, dass Jesus sich zurückzog. Nach Ephraim sei er verschwunden, wurde unter der Hand bekannt. Aber jetzt, sechs Tage vor dem Passafest – jetzt kommt er wieder nach Betanien. Viele Leute hier sind gespannt. Sie wollen den sehen, der Tote auferwecken kann.

Im Haus des Simon duftet es nach gutem Essen. Die Öllampen werden entzündet. Marta ist schon da und hilft. Und Lazarus ist gekommen. Er, der das Leben neu geschenkt bekam, freut sich besonders darauf, Jesus wiederzusehen. Er will ihn umarmen, ihm danken, ihm seine Liebe zeigen. Jesus hatte ihm das Leben schließlich neu geschenkt. Auch seine Schwester Maria ist jetzt hier. Ein Fläschchen voll von kostbarem Öl hat sie mitgebracht. Der Raum füllt sich. Jetzt kommt Jesus. Das Festmahl kann beginnen.

✳
* *Von dem Wunder der Auferweckung berichtet Johannes 11, 1-45.*
* *Vom Todesbeschluss erfahren wir in Johannes 11, 46-57.*
* *Vom Mahl im Haus des Simon, an dem auch Lazarus teilnahm, lesen wir in Johannes 12, 1-11. Dabei öffnet Maria ein Fläschchen mit dem kostbaren Öl und salbt damit die Füße Jesu.*

In Betanien, das später nach ihm Lazarion (arab. al-Eiza-riya) genannt wurde, zeigt man seit dem 4. Jahrhundert ein Lazarus-Grab an der Stelle, wo er die vier Tage bis zu seiner Auferweckung gelegen hatte. So schreibt der Kirchenhistoriker Eusebius von Caesarea im Jahr 330: „Da hat Christus den Lazarus auferweckt. Bis jetzt wird noch die Stelle des Lazarus gezeigt."
Nach einem Bericht von Hieronymus hat dort schon um 390 eine neu erbaute Kirche gestanden. Am Samstag vor Palmsonntag findet jährlich eine Prozession von Jerusalem nach Betanien statt; Lazarus ist schon in den frühesten Darstellungen der Katakombenmalerei und auf den frühchristlichen Sarkophagen als Beispiel für die in Christus den Tod überwindende Kraft dargestellt.

Lazarus erlebt, was alle erleben werden, die zu Jesus gehören: Auferweckung nach dem Tod.
Doch bei Lazarus war es anders: Er wurde nicht zum ewi-

gen Leben erweckt, sondern zunächst zu einem neuen Leben auf dieser Erde. Er durfte wieder in Gemeinschaft mit Freunden und Familie sein. Er durfte weiterhin das Leben mit anderen teilen.

Später erst ist Lazarus noch einmal gestorben. Doch er erlebt schon bei seinem „ersten Tod" zeichenhaft:
Mit dem Tod ist nicht alles zu Ende. Es gibt eine Kraft, die stärker ist als Todesmächte und Dunkelheit. Es gibt einen Weg hindurch. Und er erlebt einen Vorgeschmack auf die Auferstehung Jesu, die alle Mächte sprengen kann.
Können wir das so einfach glauben? Es wird ja ausdrücklich betont, dass die Verwesung beim Leichnam von Lazarus bereits eingesetzt hatte. Doch Jesus hat immer wieder gezeigt, dass er biologische Gesetzmäßigkeiten durchbrechen kann. Er hat auch darüber Macht. Wobei es dem Johannesevangelium nicht um das Wunder als Sensation geht. Wo immer es von Wundern Jesu berichtet, will es nicht zuerst zeigen, was Jesus kann, sondern wer Jesus ist. Nach der Speisung der 5000 (Johannes 6) wird klar: Jesus ist das Brot des Lebens. Vor der Blindenheilung (Johannes 9) wird klar: Jesus ist das Licht. Und bei der Auferweckung des Lazarus soll deutlich werden, was Jesus zuvor zu Marta auf dem Friedhof von Betanien sagt: „Ich bin die Auferstehung und das Leben. Wer an mich glaubt, der wird leben, auch wenn er stirbt."

Von dieser Hoffnung leben wir - auch im Advent.
Von der Kraft der Auferstehung, die alle Grenzen sprengen kann, dürfen wir uns tragen lassen. Der Tod ist kein Schlusspunkt, sondern Durchgang zum ewigen Leben.
An Jesus, den Auferstandenen, glauben und sich auf ein Leben mit ihm freuen – das ist Advent.

18 *Die Weisen*

Endlich, denken sie. Endlich sind wir da! Jerusalem liegt vor ihnen. Schon von weitem erkennen sie die Stadtmauer, die Tore. Im Hintergrund glänzt der Tempel goldrot im Abendlicht. Die Männer zügeln ihre Kamele, lassen sie knien, steigen ab, genießen den Anblick. Die kleine Karawane hat eine lange Reise hinter sich. Vor vielen Wochen sind die vornehmen Männer mit ihren reichlich bepackten Tieren im babylonischen Land gestartet. „Was wollt ihr denn in Judäa?", hatten einige ihrer Freunde verwundert gefragt. „Täuscht ihr euch nicht?" Nein, sie waren sich sicher. Sie waren Wissenschaftler der Sternkunde. Sie beobachteten die Konstellationen am nächtlichen Sternenhimmel. Und sie konnten sie deuten. Es war schon aufregend, als einer von ihnen entdeckte, wie die Planeten Jupiter und Saturn sich einander näherten, sich sogar umkreisten, sich wieder voneinander entfernten, sich dann aber doch wieder aufeinander zubewegten. Eine merkwürdige Konjunktion, dachten sie, höchst ungewöhnlich. Bald standen die beiden Himmelskörper so nah zusammen, dass sie wie ein heller Stern leuchteten. Jupiter, so lehrte die Tradition, ist der Königsstern, Saturn steht für das Volk der Juden. Also musste im jüdischen Land ein König geboren worden sein. So zogen sie ihre Schlüsse. Und zogen los. Diesem Herrscher, der sogar am Sternenhimmel angekündigt wird, wollen sie huldigen. Jetzt sind sie am Ziel. Sie reiten zu einem Stadttor nahe am Königspalast. Als angesehene Weise ihres Landes bekommen sie rasch Audienz bei seiner Majestät. König Herodes empfängt sie, hört sie an. Er ist verblüfft. Wie, was – ein Kind? Ein neuer König? Herodes erschrickt. Immer schon quält ihn die Angst, man könnte ihm den Thron rauben. Sie hatte einigen Verwandten und Freunden schon das Leben gekostet. Darum will es Herodes genau wissen: Wann ist der Stern erschienen? Ein Kind wurde im Palast in letzter Zeit nicht geboren. Wo aber dann? Herodes lässt seine Berater kommen, auch die Hoftheologen und besten Schriftgelehrten. Sie wissen Bescheid. Sie kennen die Bibel, das Buch des Propheten Micha, darin die Ankündigung: Gott wird einmal einen König senden, einen Gesalbten in der Nachfolge des großen David, der wird Gerechtigkeit bringen und Frieden. Er wird in Bethlehem geboren werden. König Herodes hat Angst. Und er ist schlau. Er schickt die Sterndeuter nach Bethlehem und bittet sie, doch sofort im Palast Bescheid zu geben, wenn sie das Kind gefunden haben. Die Weisen reisen weiter, nur ein paar Kilometer südlich. Warum wird ein Königskind nicht im Palast geboren?, könnten sie fragen. Aber sie sind sicher, dass ihr Weg richtig ist; denn eben, als sie abends losziehen, erkennen sie ihren „Stern" wieder, die beiden Planeten so dicht beisammen, dass sie gemeinsam leuchten. Hell und deutlich. Und genau über Bethlehem. Bald sind sie dort, finden Maria, Josef, das Kind. Sie knien vor dem König, der ihnen vom Himmel her angekündigt ist. Und in dieser Nacht sagt ihnen Gott im Traum, dass sie nicht zu Herodes zurückkehren sollen. (Matthäus 2, 1-12)

✱ *Die Weisen ließen es sich etwas kosten, den König der Juden anzubeten. Viele tausend Kilometer Weg, viele Tage und Wochen Reise. So viel war es ihnen wert, den König zu finden. Welche Gedanken mögen sie beschäftigt haben? Vorfreude, Spannung, große Erwartungen? Oder auch Befürchtungen?*
Sie ließen Altes hinter sich, hatten Neues und Unbekanntes vor sich. Sie fragten sich: Wo kommen sie an? Wie wird er aussehen, der neugeborene König der Juden? Wird man sich über die Geschenke freuen? Wie wird es sein, ihn zu verehren?

Kilometer um Kilometer gingen sie so. Endlich waren sie am

Ziel. Sie fanden das Königs-Kind in der Krippe. Vermutlich hatten sie es sich ganz anders vorgestellt. Aber der Stern führte sie hin – und sie vertrauten ihm.

Gott kann auf ungeahnte und manchmal wundersame Weise leiten. Jeder Lebensweg verläuft anders. Hier finden Sterndeuter zur Krippe, weil sie aufmerksam waren und bereit, ungewöhnliche Wege zu gehen. Sind wir aufmerksam für Gottes Leiten in unserem Leben? Sind wir bereit, uns zu Christus leiten zu lassen, zum Kind in der Krippe, zum Gekreuzigten, zum Auferstandenen? Ihn anzubeten und ihm zu schenken, was wir haben?

Die Weisen öffnen ihre Taschen. Sie bringen kostbare Geschenke mit. Wertvolles Gold und kostbare Myrrhe, wohlriechenden Weihrauch.
Die Geschenke bedeuten: Sie geben sich mit ihrer Seele hin, denn ihre Geschenke sind auch Spiegel der Seelenkräfte. Gold steht für Reichtum, Freude und für Dankbarkeit, Myrrhe für den Schmerz der Seele und das Leiden, die schweren Gedanken, Weihrauch für die Hingabe, Zeichen für Gebet und für Anbetung.

So sind die Weisen in ihrer Hingabe Adventsmenschen und können uns Mut machen, uns von Gott führen zu lassen, uns auf den Weg zu machen, hin zu dem Kind in der Krippe.

Dort dürfen wir uns öffnen und unser Innerstes nach außen kehren. Es zahlt sich aus, diesem Kind alles zu geben: Kraft und Zeit, unsere Seele und Motive, das persönliche Leid und das Leiden der Welt.

So machen uns die Weisen vor, was Advent ist: anbetend werden mit Hab und Gut, unserem ganzen Sein.

Wer sich hingibt, der empfängt.

19 *Jesaja*

Die Menschen drängen sich um den Propheten. Früher gab es Zeiten, in denen niemand auf ihn hören wollte. Aber jetzt ist sein Wort gefragt. Denn die Zeiten sind unsicher. Auf den Mienen der Menschen ist die Spannung abzulesen. Viele haben Angst. Was soll nur werden, wenn die assyrischen Truppen auch hierher in den Süden kommen? Das Land Israel im Norden haben sie schon erobert, haben Städte und Dörfer verwüstet, Felder niedergetrampelt und Menschen getötet. Und jetzt, so berichtet man, würden sie die Hälfte des Volkes verschleppen und an ihrer Stelle Fremde ansiedeln wollen. „Und was wird aus uns?" Fragend stehen sie um Jesaja herum. Sie haben noch im Ohr, was er ihnen immer wieder zu sagen hatte: dass das Vertrauen auf Gott und das Hören auf seinen Willen wichtiger sind als kurzfristige Vorteile durch wechselnde politische Bündnisse. Und dass Ungerechtigkeit und Gier Folgen haben und am Ende zum Untergang führen. „Wird Juda auch untergehen?", fragen die Menschen. „Enden wir alle im Dunkel?" Jesajas Botschaft bleibt ernst. Aber sie bleibt nicht bei kurzfristigen Mahnungen. Der Prophet sieht weiter. „Das Volk, das im Dunkeln lebt, sieht ein großes Licht!" Die Menschen um Jesaja horchen auf, heben ihren Blick. Der Prophet fährt fort: „Für die, die im Land der Finsternis wohnen, leuchtet ein Licht auf! Die Soldatenstiefel, deren dröhnenden Marschtritt sie noch im Ohr haben, und die blutbefleckten Soldatenmäntel werden ins Feuer geworfen und verbrannt." Die den Propheten so reden hören, sind erstaunt, wollen mehr wissen, fragen: „Wie soll das geschehen? Welcher große Herrscher kann uns helfen und den Krieg beenden?" „Denn", sagt Jesaja weiter, was er in kommender Zeit sieht, „ein Kind ist geboren, der künftige König ist uns geschenkt!

Und das sind die Ehrennamen, die ihm gegeben werden: umsichtiger Herrscher, mächtiger Held, ewiger Vater, Friedefürst. Seine Macht wird weit reichen, und dauerhafter Friede wird einkehren. Er wird auf dem Thron Davids regieren, und seine Herrschaft wird für immer Bestand haben, weil er sich an die Rechtsordnungen Gottes hält. Der Herr, der Herrscher der Welt, hat es so beschlossen und wird es tun." Die Zuhörer sind wie gebannt. Sie sind bedrückt von der Sorge, ob die Heere der Großmacht Assyrien auch ihr Land erobern. Da hören sie von einem Kind, das zu einem neuen König wird – zu einem, der anders regieren und der Frieden bringen wird. Sie können es kaum fassen. Sie fragen, ob dieser Friede echt ist. Oder ob er wie so oft nur auf wackligen Füßen steht. Jesaja sieht in die Ferne, sieht, was Gott tun und wen er senden wird. „Ein Spross wächst aus dem Baumstumpf Isai, ein neuer Trieb schießt hervor aus den Wurzeln. Ihn wird der Herr mit seinem Geist erfüllen, dem Geist, der Klugheit und Einsicht gibt. Dann wird der Wolf beim Lamm zu Gast sein, der Panther neben den Ziegenböckchen liegen; gemeinsam wachsen Kalb und Löwenjunges auf, ein kleiner Junge kann sie hüten. Niemand wird Böses tun und Unheil stiften auf dem Zion, Gottes heiligem Berg. Wenn jene Zeit gekommen ist, wird der Nachkomme Isais als Zeichen dastehen, sichtbar für die Völker; dann kommen sie und suchen bei ihm Rat. Von dem Ort, den er zum Wohnsitz nimmt, strahlt Gottes Herrlichkeit hinaus in alle Welt." (Jesaja 9, 1.4-6; 11, 1f.6.9f; Gute Nachricht Bibel).

✳ *Die Sehnsucht nach Frieden bewegt die Generationen aller Jahrhunderte. Warum streiten sich Menschen? Warum führen Völker Krieg? Warum gewinnen immer wieder Neid, Ungerechtigkeit, Machtgier, Habsucht und Hass die Oberhand? Der Prophet Jesaja gibt auf solche Fragen keine philosophischen oder psychologischen Antworten. Er weist vielmehr auf einen elementaren Zusammenhang hin: Friede hat mit der Beziehung zu Gott zu tun. Mit dem Vertrauen auf Gottes Leiten und mit dem Hören auf seine Weisungen.*

Wo Menschen sich an die Stelle Gottes setzen, wo sie andere verachten, wo sie vor allem anderen nach Vermehrung von Macht und Reichtum trachten, dort kann kein Friede wachsen.

Der hebräische Begriff für Frieden lautet „Schalom". Damit ist kein Waffenstillstand gemeint, kein Friedhofsfriede, der einkehrt, wenn ein Land das andere besiegt hat. Schalom meint einen tiefen Frieden, der in Heil und Gerechtigkeit wurzelt, ein Zufriedensein in der Seele und ein Verstehen unter Menschen. Und als Quelle und Grund von all dem: Friede mit Gott.

In der Adventszeit mit ihrer dichten Atmosphäre an Erwartungen, Hoffnungen und Spannungen wird uns die Sehnsucht nach Frieden oft deutlicher bewusst als sonst. In vielen Familien kommen an den Feiertagen alte Konflikte wieder hoch oder werden erst richtig bewusst. Leid, Enttäuschungen und Unzufriedenheit können gerade in dieser Zeit stärker belasten als sonst. Wie kommen wir zum Frieden, zur Zufriedenheit, zum Schalom?

Jesaja sieht schon den „Friedefürst", den Gott senden wird, den kommenden König, der dauerhaften Frieden bringen wird. Im Kind in der Krippe ist er zu uns gekommen. Die Engel haben es den Hirten zugesungen: „Ehre sei Gott in der Höhe und Friede auf Erden." Und Paulus hat im Blick auf Jesus Christus geschrieben: „Er ist unser Friede" (Epheser 2,14). Was kennzeichnet diesen Frieden? Wir sehen an dem Weg, den Gott in dem Kind in der Krippe gegangen ist: ein Weg der Hingabe und Liebe, der Vergebung und Hoffnung, der Ehrlichkeit und Versöhnung. Das hat Jesus gelebt und zugesagt. Dafür hat er sein Leben gegeben, „auf dass wir Frieden hätten, und durch seine Wunden sind wir geheilt" (Jesaja 53,5).

Adventlich leben heißt: diesen Frieden sich immer neu ins Herz schenken lassen – gerade in diesen Tagen. Wir können uns für Christus öffnen, dass er mit seiner versöhnenden

Kraft zurechtbringt, was verbogen und enttäuscht ist. Jesaja macht uns Mut, Schalom von dem zu erwarten, der als Friedefürst zu uns kam. Der Prophet sieht schon weiter, als wir es erleben. Er sieht, was sein wird, wenn Jesus Christus seinem ewigen Reich Gestalt gibt. Dann wird in der Schöpfung kein Raum mehr sein für Gewalt und Angst. Dann werden sogar Wölfe und Lämmer miteinander auskommen. Auf das ewige Friedensreich gehen wir zu. Heute schon will aber der Friede, den das Kind in der Krippe bringt, in uns einziehen und durch uns hindurch zu unseren Mitmenschen, zu unserer Welt.

20 Der „zweite Jesaja"

⸎⸌⸉⸌⸉⸌⸎

Wie eine lähmende Last lag immer noch Trauer über dem Stadt-
viertel. Dabei geschah die Katastrophe schon vor vielen Jahren.
Ja, einige hatten sich hier in Babylon eingerichtet. Aber die al-
lermeisten trugen Wehmut in der Seele. Immer wieder erzählten
sie sich, wie es in der Heimat war, in Jerusalem, in den Dörfern
Judas, auf den Feldern und in den Weinbergen. Dort hatten sie
gelebt, gehofft, gebetet. Bis das riesige Heer der babylonischen
Großmacht anmarschierte. Immer wieder hatten Propheten ge-
warnt: „Verlasst euch nicht auf eure Streitmacht. Werdet in eu-
rer Bündnispolitik nicht untreu. Vertraut auf Gott und handelt
nach seinem Willen." Doch sie wollten solche Worte nicht ernst
nehmen. Dann kam die Katastrophe. Jerusalem wurde erobert,
der Tempel zerstört, die Felder verwüstet. Und die Truppen des
babylonischen Königs Nebukadnezar nahmen einen großen
Teil des Volkes mit nach Babylon. Alle kräftigen, gebildeten, in
Handwerk, Feldbau, Politik oder Tempeldienst erfahrenen Juden
mussten mitziehen. Jetzt saßen sie, die Verschleppten, gefangen
im fremden Land, aßen fremdes Brot, dienten fremden Herren,
hörten fremde Sprachen. Und Gott? Wo war Gott? War er in Jerusalem geblieben? Wurde mit dem Tempel auch Gottes Macht
zerstört? Hatte er gegenüber den babylonischen Götterstatuen
klein beigegeben? Psalmen wollten sie auch hier noch singen, aber
oft blieb ihnen der Ton im Hals stecken! Dann hängten sie ihre
Harfen an die Weiden und sangen nicht weiter. Bis sie auf einmal
ihn hörten. „Tröstet, tröstet, spricht euer Gott" – so fing er an zu
reden. Sie hoben ihre Köpfe, sahen ihn an, den zuerst so Unschein-
baren. Je länger er sprach, desto gewaltiger wurden seine Worte.

„Hört: eure Knechtschaft hat ein Ende. Eure Schuld ist vergeben. Gott kommt. Macht eine Bahn für ihn. Täler sollen erhöht und Berge erniedrigt werden, damit er kommen kann. Er fängt neu mit euch an." Gebannt hörten sie zu. Was der Mann von Gott sagte, hatte Gewicht, gab neuen Mut. „So spricht Gott zu seinem Volk: Fürchte dich nicht, ich habe dich erlöst, ich habe dich bei deinem Namen gerufen. Du bist mein!" Die, die solche Sätze aus dem prophetischen Mund hörten, nahmen sie mit, sagten sie weiter, spürten, wie neue Hoffnung in ihnen keimte. „Die auf den Herrn harren, kriegen neue Kraft." Das war helle Freudenbotschaft in ihrem dunklen Ghetto. Sie fingen neu an zu glauben, zu warten, auf Gott zu harren, zu singen. Und zu erfahren: Gott rettet und bringt wieder heim. (Jesaja 40)

✳ *Die Kapitel Jesaja 40-66 werden das „Trostbuch Israels" oder auch „das Evangelium des Alten Testaments" genannt. Sie enthalten Worte eines Propheten, der in Babylon auftrat. Er sprach im Auftrag Gottes zu den Juden, die in der „babylonischen Gefangenschaft" saßen. Diese waren nach einem verlorenen Krieg dorthin verschleppt worden (587 v.Chr.). Der Prophet verkündigte ihnen – vermutlich geheim und unter äußeren Schwierigkeiten –, dass Gott ihnen vergibt und neue Hoffnung schenkt. Da die Kapitel des uns namentlich nicht bekannten Propheten dem Prophetenbuch Jesaja angefügt wurden, nennt man ihn den „zweiten Jesaja".*
Die starken, bildhaften Worte, die der Prophet im Auftrag Gottes den Gefangenen sagen konnte, haben durch alle Generationen hindurch bis heute immer wieder ermutigt, getröstet, aufgerichtet. Seine Botschaft lautet: Gott lässt euch nicht im Stich. Er fängt neu an. Auch wenn eure Situation jetzt traurig und dunkel aussieht, habt ihr Grund zur Hoffnung. Ihr müsst nicht im Hiesigen stecken bleiben, sondern ihr könnt weitersehen. Euer Leid ist nicht das Letzte. Es gibt Zukunft. Gott schenkt Neues.

Warum kann der Prophet das sagen? Ist er ein gutmeinender Optimist? Oder ein realitätsferner Phantast? Ein unverzagter Sprücheklopfer? Oder ein Motivationskünstler, dessen Phrasen bald verhallen?

Der sich durch die ganze Botschaft ziehende Grundton lautet: Gott ist da. Er ist bei euch – auch im fernen Land. Und Gott ist stärker als die von Menschen gemachten Götterstatuen und die sich aufspielenden Mächte. Gott ist lebendig wie das Feuer und kräftig wie ein Sturm. Er zeigt seine Macht im Lieben und Vergeben, im Retten und Heimführen.

So ist die Botschaft des „zweiten Jesaja" (in der Wissenschaft auch „Deuterojesaja" genannt) eine zutiefst adventliche. Wir können sie sehr persönlich hören:
Auch wenn meine Lage trostlos ist,
auch wenn Selbstvorwürfe und Zweifel mich beherrschen,
auch wenn ich nicht weiß, wie es weitergeht –
Gott ist gütig trotz Versagen. Er liebt trotzdem. Er vergibt trotz Selbsthass. Er schenkt neuen Mut.

Einige Zeit nach dem Auftreten des Propheten in Babylon machte Gott seine Verheißungen wahr. Das Volk der Juden wurde aus der Gefangenschaft befreit. Es durfte wieder in die Heimat ziehen. Die Felder wurden wieder bestellt, die Häuser bewohnt, der Tempel wieder aufgebaut. Und das Volk hat die Hoffnungsbotschaft mitgenommen: So wie es jetzt ist, muss es nicht bleiben.

Hoffnungslosigkeit ist nicht Gottes Wille.
Bedrückendes soll beendet, Trauriges getröstet,
Beengendes gesprengt werden.

Wer diese Botschaft ins Herz nimmt, erlebt Advent.

21 *Thomas*

⋙∽⌒∾⌒∾⌒∾⌒∽⋘

„Thomas, Thomas, stell dir vor! Wir haben den Herrn gesehen. Er war hier, bei uns. Er lebt!" Alle redeten durcheinander. Alle wollten erzählen. Thomas war verwirrt. Eben war er zurückgekommen. Zwei Tage nach den schrecklichen Ereignissen am Freitag hatte er es gewagt, einiges zu besorgen. Gestern war Sabbat; da waren die Geschäfte geschlossen. Da saß auch der Schock über das schnelle Ende ihres Herrn Jesus noch allen tief in der Seele und im Gesicht. Sie waren unendlich traurig. Und sie hatten Angst. Was könnte nun auch ihnen passieren? Dann – heute am frühen Morgen die Frauen, die ganz aufgewühlt vom Grab zurückkamen. Den Toten wollten sie einbalsamieren. Ihm die letzte Ehre erweisen. Aber er war nicht da. Zu allem Schreck noch ein Leichenraub, dachten sie zuerst. Aber dann erzählten die Frauen von den Engeln und davon, dass Jesus selbst ihnen erschienen sei. Wer sollte das glauben? Sie wussten nicht, was sie denken sollten. Bis gerade vorhin Jesus zu ihnen kam. Nur Thomas war nicht dabei. Jetzt war er zurückgekommen, stand da, schüttelte nur den Kopf. „Ich glaube das nicht", fuhr es ihm heraus. „Doch, Thomas", entgegneten sie, „er war hier. ‚Friede sei mit euch', so hat er uns begrüßt. Er hat uns die Wunden an seinen Händen gezeigt und den Stich an seiner Seite." „Ich kann es nicht glauben", gab Thomas resigniert zurück. Auch als sie es immer wieder begeistert erzählten, konnte er es nicht fassen. Er wollte es nicht einfach für wahr halten. Dazu war er viel zu skeptisch. Sein kritischer Verstand sagte nicht gleich zu allem Ja. Er erwiderte den anderen Jüngern: „Erst will ich selbst die Löcher von den Nägeln an seinen Händen sehen. Mit meinem Finger will ich sie fühlen. Und ich will meine Hand in die Wunde an seiner Seite legen. Sonst glaube ich es nicht."

Dann – eine Woche später. Wieder war es Sonntag geworden. Die Türen haben sie fest verschlossen. Immer noch wissen sie nicht, was aus ihnen werden soll. Ob man sie auch verhaften wird? Ob sie wieder nach Galiläa zurückkehren sollen? Und was ist mit Jesus? Wo ist er jetzt? So fragen sie sich immer wieder. Und Thomas ist bei ihnen.

Auch, als Jesus wieder zu ihnen kommt. Auf einmal ist er da. Obwohl die Tür verschlossen ist, kann er kommen. Sie sehen ihn. Sie hören ihn. „Friede sei mit euch", so begrüßt er sie wieder. Dann wendet er sich zu Thomas. „Nimm deinen Finger und untersuche meine Hände. Strecke deine Hand aus und lege sie in die Wunde an meiner Seite. Du sollst nicht länger ungläubig sein, sondern zum Glauben kommen!" Thomas ist absolut überrascht. Fassungslos reibt er sich die Augen. „Mein Herr und mein Gott", stammelt er. Jesus sieht ihn an. Nicht verachtend. Liebevoll und tröstend zugleich sagt er: „Du glaubst, weil du mich gesehen hast. Glückselig sind die, die mich nicht sehen und trotzdem glauben."
(Johannes 20, 24-29)

✳ *Thomas' Gedenktag liegt auf dem Datum der längsten Nacht des Jahres. Wegen seines Unglaubens hat man für ihn den kürzesten und darum dunkelsten Tag des Jahres zum Gedenktag gemacht.*

Thomas wird an verschiedenen Stellen in der Bibel als Skeptiker beschrieben. Er neigte zu melancholischen Verstimmungen und negativer Weltsicht, er hielt nichts von vorschneller Zustimmung. Darum glaubte er den Erzählungen der anderen Jünger nicht wirklich. Jesus soll auferstanden sein? Un-glaublich.
Ob diese Reaktion nur beleidigtes Schmollen und neidischer Rückzug war, ob er sich nur vom Geschehen benachteiligt fühlte, weil er nicht dabei war, oder ob er tatsächlich nicht für wahr halten konnte, was die anderen ihm berichteten, wissen wir nicht.

Doch es ist äußerst tröstlich, dass die Bibel von ihm erzählt. Denn durch ihn wissen wir, dass auch die Zweifler und Kritiker einen Platz bei Jesus haben.

Zweifler hinterfragen das Vordergründige, fragen nach Alternativen. Damit wird auch die positive Seite des Zweifels sichtbar. In dem Wort Zweifel steckt das Wort „Zwei". Das bedeutet: Jede Sache, jedes Erlebnis können wir von zwei Seiten sehen. Wir können unterschiedliche Blickwinkel einnehmen. Wir brauchen nicht nur eine feste Meinung, sondern müssen manchmal auch gezielt hinterfragen und anzweifeln. Eine zweite Meinung einzuholen ist hilfreich, kann sogar lebensrettend sein.

Gefährlich wird der Zweifel erst dann, wenn er in Verzweiflung mündet. Dann kann der Selbstzweifel zu Zweifel an den eigenen Fähigkeiten führen und bei Scheitern zu Selbstabwertung und Selbstverurteilung. Wer immer nur zweifelt, wird am Ende misstrauisch, zynisch oder hämisch und kann anderen nicht mehr vertrauen. Und wer Zweifel als ständigen Begleiter hat, der kann und will seinen Mitmenschen oder vielleicht auch Gott nicht mehr vertrauen.

Die Ostererzählung des Evangeliums schildert Thomas als einen skeptischen Jünger, dessen Zweifel ihn jetzt am Glauben hindert. Dabei fällt nun zweierlei auf: Thomas blieb in der Gemeinschaft der anderen Jüngern – auch mit seinem Zweifel, mit seiner Unsicherheit, in seiner Frustration. Er lief nicht weg. Er stellte sich nicht abseits. Und: Die anderen hielten es mit ihm aus. Sie sagten nicht: Wenn du nicht glaubst, musst du gehen. Sondern sie trugen ihn mit seinem Zweifel. Thomas war somit nicht allein – nicht mit sich und nicht mit seinen Fragen.

Als Jesus den Jüngern ein zweites Mal erscheint, geht er direkt auf Thomas ein, sagt zu ihm: „Reiche deinen Finger

*her und sieh meine Hände, und reiche deine Hand her und
lege sie in meine Seite, und sei nicht ungläubig, sondern
gläubig!"*

Jesus konfrontiert Thomas mit seinen eigenen Worten.
Er benutzt exakt dieselbe Formulierung wie Thomas und
macht damit deutlich: Ich war unsichtbar da, als du deinen
Zweifel geäußert hast. Ich kenne deine Worte, Gedanken
und Gefühle. Auch wenn du mich nicht gesehen hast, war
ich in diesem Moment bei dir. Auch wenn du meine Gegenwart nicht gespürt hast, stand ich doch neben dir.

Zweifel, Anfechtungen und Fragen gibt es in jedem
Leben – Zweifel an Gott und seiner Macht. Anfechtungen,
wenn kein Licht im Dunkeln leuchtet. Fragen nach dem
Sinn von Scheitern oder Leid, nach der eigenen Existenz-
berechtigung, nach innerem Frieden und Zuversicht.

Von Thomas wird gar nicht mehr berichtet, dass er Jesus
wirklich berührte. Zunächst wollte er „begreifen", ob die
Nachricht von der Auferstehung stimmt. Aber als er Jesus
gegenüberstand, war das nicht mehr wichtig.
Er konnte nur noch bekennen und anbeten: Mein Herr und
mein Gott.

Thomas hat Jesus noch gesehen. Er gehörte zu den Augen-
zeugen von Ostern. Was Jesus am Ende sagt, gilt aber allen,
die nach Thomas kommen und Jesus nicht mehr leiblich
sehen – also auch uns. „Nicht sehen – und doch glauben" –
trotz aller Zweifel.

22 *Johannes, der Seher*

❧◦⟨◦⟨◦❀◦⟩◦⟩◦❧

„Amen, ja, komm, Herr Jesus!" Johannes legt seine Schreibfeder zur Seite. Er ist erschöpft. Und er ist froh. In seinen Augen spiegelt sich durch alle Müdigkeit ein Glanz wider, der von innen kommt. Er sieht auf den hohen Stapel an Blättern, die er in den letzten Wochen beschrieben hat. Er liest noch einmal die letzten Worte. „Ja, Jesus soll bald kommen", denkt er. Seiner Schrift sieht man das hohe Alter nicht an, das er trotz allem Schweren schon erreicht hat. „Jetzt ist alles aufgezeichnet, was Jesus mir gezeigt hat." Die Gedanken gehen immer wieder zurück. Mit der Verhaftung in Ephesus hatte er gerechnet. Als Bischof hatte er kein Blatt vor den Mund genommen. Er hatte seinen Glauben an Christus öffentlich bekannt. Ja, er wusste, dass er die römische Staatsmacht damit provozierte. Sie forderte, den Kaiser als Gott anzubeten. Da musste er, Johannes, Bischof von Ephesus, öffentlich widersprechen. Und er wollte auch den Christen in seinen Gemeinden Mut machen, ihren Glauben zu bezeugen, in Liebe zu leben, freundlich, aber auch ehrlich. Eines Tages stand dann die Staatspolizei vor der Tür, nahm ihn mit, schleppte ihn zum Hafen, verfrachtete ihn gefesselt auf ein Schiff. Viele Stunden dauerte die Überfahrt zur Insel Patmos. Zur Verbannung auf der kleinen Insel wurde er verurteilt. Was sollte er, ein alter Mann, von dort aus noch anrichten können? Oh – viel, denkt Johannes zurück. Ein Lächeln legt sich auf sein Gesicht. Wenn die wüssten, was Gebete können. Er hatte jetzt viel Zeit zum Beten, und er spürte immer wieder, wie seine Gemeinden im Gebet an ihn dachten. Dann kam jener Morgen. Es war ein Sonntag. Es war wie eine starke Kraft, die ihn umgab und füllte. Er spürte, wie Gottes Geist von ihm Besitz ergriff. Hin-

ter sich hörte er eine laute Stimme. Sie klang wie eine Posaune. „Schreibe das, was du siehst, in ein Buch und schicke es an die Gemeinden." So begann das Hören und Sehen der vielen Worte und Bilder, die Jesus ihm öffnete und die er jetzt aufgeschrieben hat. „Ja, Jesus, komm bald", murmelt Johannes noch einmal. Viele Schrecken musste er in seinem Buch beschreiben. Die gottwidrigen Mächte werden sich aufbäumen. Das Leid durch Irrungen und Wirrungen der Geschichte wird groß sein. Aber noch größer ist das Wissen: Am Ende kommt Jesus wieder. Und die neue Stadt wird kommen, wunderschön vom Himmel herab. Der alte Mann blickt über Patmos aufs Meer hinaus. Ja, so wird es sein, denkt er. Das sollen meine Gemeinden erfahren. Das soll sie trösten und stärken. Er nimmt noch einmal seine Feder und setzt einen letzten Satz ans Ende: „Die Gnade des Herrn Jesus sei mit allen."
(Texte aus Offenbarung 1, 10ff und 22, 20f)

✳ *Johannes war in seinem Exil in Patmos zwar äußerlich festgesetzt, in seinem Innern aber erlebte er eine Zeit des Reichtums und der Freiheit: Bilder der Offenbarung, Bilder der Zukunft und Hoffnung, auch Bilder der nüchternen Vorhersage. Viel Leid und Gericht muss er schauen. Doch voll gespannter Erwartung und Vorfreude sieht er durch die Schrecken der kommenden Zeiten hindurch und erkennt, wohin Gott seine Welt führen wird: Es wird eine Zeit kommen, in der es keinen Tod, kein Leid, kein Geschrei und keinen Schmerz mehr geben wird.*
Mit seinen Worten und Bildern reißt uns Johannes immer wieder einen Vorhang auf, damit der Durchblick durch den eigenen manchmal vielleicht zu engen oder bedrohlichen Horizont möglich wird. Es ist wie an manchen Tagen, wenn dunkle Wolken tief hängen, bedrohlich und bedrückend.
Da kann es manchmal vorkommen, dass plötzlich Wolken aufreißen, und die Sonne wird sichtbar und strahlt mächtig durch das Dunkel hindurch.
So sieht Johannes immer wieder auch durch dunkle Wolken

der Schrecken und des Leids hindurch zu Gottes Thron.
Was er beschreibt, kann und soll uns trösten: Es wird
regiert – trotz allem! Und es soll uns ausrichten auf das letzte Ziel, das Gott mit seiner Menschheit hat: seine neue Welt.
Am Ende werden wir bei ihm sein. Wer von diesem Ziel her
denkt, kann das Heute und Hier anders meistern. Denn es
wird dabei deutlich:
Was ist das Wichtigste meines Lebens?
Wovon mache ich meine Sicherheit abhängig?
Wie gehe ich mit Leid und Schrecken um?
Wovon lasse ich mich verunsichern?

Gott will die Bilder der Verheißung sicher in unserer Seele
verankern. Johannes hat es erlebt und davon weitererzählt.
Den Blick über das Jetzige hinaus gerichtet, erlebte er Gottesbegegnung in der Tiefe seiner Seele.
Johannes zeigt uns: Wir dürfen von der Hoffnung leben,
die Menschen sich nicht selbst geben können. Außerhalb
unseres Selbst und außerhalb unserer Zeit liegt die Zukunft.
Dann wird das Leid ein Ende haben und Gott wird unter
seinen Menschen wohnen, er wird ihnen die Tränen abwischen und wird sie leiten zu den Quellen des lebendigen
Wassers. Aller Durst, alle Sehnsüchte werden dort gestillt
sein. Alles Vorläufige hat ein Ende, alles Bedrückende ist
vorbei.
Die Adventszeit ist nicht nur ein Hingehen auf Weihnachten, sondern viel mehr noch eine Besinnung auf das letzte
Ziel, das Gott mit uns hat. Advent feiern heißt: den wiederkommenden Herrn erwarten. Jeder Tag unseres Lebens soll
davon geprägt sein. Damit ist immer Advent.

23 Die Hirten

Merkwürdig still ist es in dieser Nacht. Sie sind froh, dass sie mit allen Schafen wieder zurückgekommen sind. Jetzt hocken sie zusammen. Das Feuer in ihrer Mitte darf nicht zu hoch werden, sonst bekommen die Tiere Angst. Der flackernde Schein der Flammen lässt die Spuren des harten Lebens auf den gegerbten Gesichtern nur erahnen. Anstrengend war ihr Tag. So wie die meisten Tage für Hirten am Rande der Wüste anstrengend sind. Wenn es über den Hügeln und Feldern von Bethlehem wenig regnet, dann müssen sie mit ihren Herden weite Strecken zurücklegen, bis alle Schafe genug Futter gefunden haben. Und weite Strecken, das wissen sie hier seit Generationen, bedeuten Gefahr. Raubtiere sind unterwegs, schleichen sich von hinten an die Herde. Hirten müssen aufmerksam sein und flink. Auch jetzt in der Nacht, obwohl ihr Feld eingezäunt ist. Sie lieben die Stille. Und sie erzählen sich die Erfahrungen von heute und manchmal auch die uralten Geschichten von früher. Von ihrem Vorbild zum Beispiel: David, der einst wie sie Hirte in Bethlehem war und dann ein großer König wurde. Aufmerksam, weise und gerecht war er. Auch als König ist er ein Hirte geblieben. „So einen sollten wir wieder haben", sagen sie. Und einer erinnert daran, dass doch Gott selbst versprochen hat, einen neuen König zu senden, einen, der Frieden bringt und Gerechtigkeit. So reden sie und schweigen und achten auf die Schafe. Bis plötzlich ein Licht das Dunkel durchbricht. In einem Moment ist es hell, ein gewaltiges frohes Leuchten, eine Gestalt darin. Sie, die starken stolzen Hirten, sind geblendet, schrecken auf, schreien vor Furcht. „Fürchtet euch nicht", fängt die Gestalt zu reden an. Ein Engel, begreifen sie, Gottes Bote. „Fürchtet euch nicht! Hört, ich bringe euch eine wichtige Nachricht; das ganze Volk wird sich darüber freuen: Für euch ist heute der Retter geboren worden, drüben in Bethlehem, in der Stadt Davids. Es ist Christus, der Herr, der versprochene Messias." Die Hirten hören, staunen, wollen mehr erfahren. „Das bekommt ihr als Zeichen: Ihr werdet ein neugeborenes Kind finden. Es ist in Windeln gewickelt, und es liegt in einer Futterkrippe."

Eine Futterkrippe? Ein Säugling? Bei uns in Bethlehem? Die Hirten können kaum denken, es nicht fassen, wollen fragen. Da wird es plötzlich noch heller. Ein Licht, wie sie es noch nie gesehen haben, umfängt sie. Es ist, als ob der Himmel sich in einem Moment öffnet. Ein unüberschaubar großes Heer der Engel erscheint, ein Licht voll herrlicher Klarheit und Töne voller Kraft gehen von ihnen aus, ein Loben Gottes: „Ehre sei Gott in der Höhe und Friede auf Erden bei den Menschen seines Wohlgefallens."

Dann wird es wieder ruhig. Keiner kann sagen, wie lange sie die Engel gesehen haben. Keiner kann erklären, was eben geschah. Aber alle haben die Worte des Engels im Ohr. Und sie müssen nicht lange überlegen, was zu tun ist. „Kommt, wir gehen nach Bethlehem. Wir wollen sehen, was da geschehen ist und was uns Gott eben kundgetan hat." (Lukas 2, 8-15)

✳ *Was für eine Nacht. Was für ein Ereignis. Wer wäre da nicht gerne dabei gewesen. Die Hirten bekamen das gewaltigste Engelheer zu sehen, den himmlischen Jubel über die Geburt des Christus. Noch bevor von Menschen gesagt wird, dass sie sich freuen und das Kind verehren dürfen, jauchzt der Himmel!*

Über dieser Geschichte liegt eine interessante Spannung:
* *Da ist die dunkle undurchsichtige Nacht – und in ihr leuchtet die Klarheit des Herrn.*
* *Da ist die Angst der Hirten – und dagegen die Botschaft des Engels: „Fürchtet euch nicht."*
* *Da beherrschen politische Unterdrückung durch die Römer und Unfriede in der Gesellschaft das Land – und der Engel verheißt: „Friede auf Erden."*

Bemerkenswert ist dabei, dass die Nachricht die Hirten an ihrem Arbeitsplatz erreicht, in ihrem Alltag. Also nicht an einem ausgesonderten heiligen Ort begegnet ihnen Gott, sondern genau dort, wo sie sind, leben und arbeiten. Hirten sind schon von Berufs wegen wachsame Menschen. Sie müssen gut hören, Veränderungen und Störendes schnell bemerken.Sie haben den Auftrag, ihre Herde zu schützen, zu begleiten, sich fürsorglich zu kümmern, kranke und schwache Tiere in Schutz zu nehmen. Ein wichtiger und verantwortungsvoller Beruf. Darum vergleicht sich Jesus selbst mit einem guten Hirten, der seinen Auftrag so ernst nimmt, dass er sogar sein Leben für die Schafe lässt.

In die Nachtschicht der Hirten, in die politischen Verhältnisse und in ihre Angst hinein wird nun die Weihnachtsbotschaft laut. Die Hirten werden dadurch in Bewegung gesetzt. Von jetzt auf nachher ist alles anders. „Eilend" gingen sie los, berichtet die Weihnachtsgeschichte.

Sie fanden das Kind in der Krippe – ganz so, wie der Engel es angekündigt hatte. Die Hirten behielten diese Erfahrung nicht für sich, sondern erzählten sie weiter. Und sie „priesen und lobten Gott."

Damit machen sie uns vor, was geschieht, wenn die Botschaft von Weihnachten begriffen wird: Die Freude an Jesus führt zur Anbetung Gottes. Und die Begeisterung über das Kind in der Krippe muss in die Welt hinaus. Alle sollen davon erfahren.

Am Schluss der Erzählung heißt es dann:

„Und alle, vor die es kam, wunderten sich …"

Adventlich leben bedeutet: immer wieder zum Lob Gottes finden, begeistert von Christus erzählen. Diese Freude von Weihnachten als Urmotivation des Lebens in sich tragen. Andere dürfen sich darüber auch wundern.

24 *Adam und Eva*

Der geistliche Adventskalender hat bis hierher 23 Adventsgestalten vorgestellt – entweder Frauen und Männer der Bibel, die eines verbindet: Sie lebten voller Erwartung und freuten sich auf das, was Gott tun wird. Oder es waren Gestalten der Kirchengeschichte, die ihren Glauben in besonderer Weise bezeugten (und von denen einige in den Adventswochen ihren Gedenktag haben).

Was oder wer ist am 24. Dezember „dran"? Das Jesuskind, sagen wir schnell. In der Tat sind Heiligabendfeiern mit Gottesdiensten und Geschenken, mit Festessen und Christbaum bei uns zur Tradition geworden. Wir denken an die Geburt Jesu in dieser Nacht. Aber der 24. Dezember hatte seit alters eine andere Bedeutung; sie hat ihren tiefen Sinn und erklärt, warum wir an Weihnachten einen Baum aufstellen.

Der 24. Dezember ist der Gedenktag an Adam und Eva, die beiden Gestalten der biblischen Schöpfungsgeschichte. Gott setzte sie in den Garten Eden, in das Paradies. Er gab ihnen Raum zum Leben und genug zu essen. Er ließ sie die Früchte aller Bäume genießen, nur nicht die vom Baum des (ewigen) Lebens und vom Baum der Erkenntnis des Guten und des Bösen (gemeint ist nicht ethische Unterscheidungsfähigkeit, sondern umfassendes Wissen, das dem Menschen suggeriert, er könne sein Leben und die Welt selbst beherrschen und ohne Gott auskommen). Und was tun Adam und Eva? Sie lassen sich verführen und essen eine Frucht des Baumes der Erkenntnis. Wobei Adam und Eva nicht nur als Einzelpersonen gemeint sind. „Adam" heißt „der Mensch", und

„Eva" heißt „das Leben". Sie werden vor Gott schuldig, missachten die Grenze, die Gott ihnen gezogen hat, wollen selbst sein wie Gott. So verlieren sie die Nähe zu ihrem Schöpfer. Sie werden vertrieben. Sie verlieren das Paradies. Gott setzt Cherubim, mächtige Engelsgestalten, als Wächter davor. Vom Baum des Lebens konnten Adam und Eva nun nicht mehr essen.

✴ *So findet sich der Mensch und sein Leben nach dem Sündenfall vor: In Distanz zu Gott, schuldig und sterblich geworden. Aber Gott wollte sich nicht damit abfinden. Schon nach dem Sündenfall ging er auf die Suche: „Adam, wo bist du?" Diese Suche zieht sich durch die ganze Bibel. Gott will seine Menschheit nicht in der Gottesferne lassen. Darum ließ er es Weihnachten werden. Darum sandte er Jesus Christus und ließ ihn ganz unten in diese Erde legen, in Futterkrippe und Stall, ins Leiden und ans Kreuz. Christus will unsere Schuld tragen und uns wieder neu mit Gott verbinden. Er bringt neues Leben. Das feiern wir an Ostern. Paulus bringt es auf den Punkt: Er ist der „zweite Adam" (Römer 5, 12ff). Er öffnet wieder den Weg zu Gott, den Weg ins Paradies.*
Nikolaus Hermann dichtet in seinem Weihnachtslied: „Heut schließt er wieder auf die Tür zum schönen Paradies, der Cherub steht nicht mehr davor, Gott sei Lob, Ehr und Preis."
Weihnachten bedeutet: Wir haben durch Jesu Geburt wieder Zugang zu Gott als unserem Vater, wir dürfen wieder eintreten in eine liebevolle Beziehung zu Gott. Wir können mit Gott reden von Herz zu Herz. Wir dürfen mit allem zu ihm kommen, was uns belastet und bedrückt. So wie Kinder zum Vater oder zur Mutter gehen und um Hilfe bitten, so dürfen wir zu Gott kommen. Alle Zerbrüche, alle Lasten unseres Lebens können wir zu Gott bringen und ihn um Heilung bitten.

Darum stehen sie nacheinander: der Gedenktag an Adam und Eva – und der Geburtstag des Jesus Christus.
Im Mittelalter stellte man diesen Zusammenhang bildlich dar. Man spielte die Szene des Sündenfalls und des wiedergewonnenen Paradieses durch Weihnachten in den sogenannten „Paradiesspielen" nach. Theatergruppen zogen von Haus zu Haus oder spielten auf Marktplätzen, um die biblische Geschichte vor Augen zu stellen. Damit es möglichst echt wirkte, brauchte man eben auch den Lebensbaum des Paradieses. Man nahm in unseren Breitengraden dafür einen immergrünen Baum, also Tanne oder Fichte. In der Bibel steht nicht, welche Früchte an den Bäumen des Paradieses hingen. Aber da Äpfel in unseren Breitengraden auch im Winterhalbjahr vorhanden waren, nahm man diese zur Darstellung der Früchte am Lebensbaum des Paradieses (heute erinnern die Christbaumkugeln daran). So ist unser Weihnachtsbaum entstanden. Der Lebensbaum wurde zum Christ-Baum; denn in Jesus Christus steht die Tür zu Gott wieder offen, die Tür zum wahren, sinnvollen, frohen Leben in der Gemeinschaft mit Gott.
Irgendwann bei den Paradiesspielen des Mittelalters begann man, Kerzen auf den Baum zu setzen: Lichter, die strahlen und glänzen, weil Jesus als das Licht der Welt kam. Noch bis ins 19. Jahrhundert hinein schmückte man in Norddeutschland seinen Christbaum mit Adam und Eva, inklusive der Schlange, dargestellt aus Holz, gebackenem Teig oder anderen Materialien. In anderen Gegenden wurde unter dem Weihnachtsbaum ein „Paradiesgärtchen" errichtet: ein Zaun um den Baum und darin kleine Tiere, in der Mitte sozusagen überlebensgroß der „Paradiesbaum".

Nein, noch leben wir nicht im Paradies. Das wissen wir. Gerade heute Abend werden auch Tränen vergossen, wird gelitten und gestritten. Und nach dem Fest werden Baum, Kerzen und Sterne wieder weggeräumt, und dann geht der Alltag weiter mit seinen Herausforderungen und Lasten. Noch leben wir nicht in einer heilen Welt. Aber der Heiland ist geboren; und wo er in uns Raum gewinnt, da bringt er Heil und Leben mit, ein versöhntes Leben mit Hoffnung – und im Wissen: „Der Cherub steht nicht mehr davor."

Cornelia Mack

Das große Weihnachtsbuch

Ein Prachtband, der Ihre Erinnerungen weckt und Ihnen Vorfreude auf Weihnachten beschert. Voll von Ideen, Bräuchen, Geschichten und Liedern regen die 200 Seiten dazu an, Weihnachten mit allen Sinnen zu erleben. Mit vielen Abbildungen und stimmungsvollen Fotos!

Gebunden, 21 x 27 cm, 200 S.
Nr. 395.084

SCM Hänssler

Cornelia Mack, Katharina Drechsler

Momente, die nur dir gehören

Kleine Auszeiten zum Auftanken

Oft sehnen wir uns nach Ruhepausen im Alltag, nach kleinen Fluchten, in denen wir auftanken und durchatmen können.
Die Autorinnen geben durch motivierende, kurze Texte Anregungen, wie Auszeiten im Alltag sinnvoll gestaltet werden können. Stimmungsvolle Bilder begleiten Sie in diese Zeiten, die nur Ihnen gehören.

Gebunden, 21 x 27 cm, 72 S.
Nr. 629.478

SCM Collection